物流服务与管理专业新形态一体化系列教材

国际货运代理

主　编　崔秀光　杜召强
副主编　沈彦惠　王双梅
参　编　李　丹　徐言军

北京理工大学出版社
BEIJING INSTITUTE OF TECHNOLOGY PRESS

内容简介

本教材以国际货运代理的作业流程为主线，涵盖货运单证、进出口业务流程知识、国际经贸地理知识、各国常见港口、常见外贸函电英文缩写、国际货运常见法律法规、各国常见货币、集装箱容器基础尺寸、航空运价表和班轮运输船期表等知识。

本教材开发的课程以"工作过程为导向"的方法进行设计，组织校企合作共同研究确定人才培养目标和计划，共同开发"工作岗位"和"典型工作任务"，共同创设学习和工作环境、学习情境及课程实施条件，合作建设教材等教学资源，共同制订学生工作和学习成果考核评价办法等。课程建设内容将打破传统学科的界线，以业务流程为主线，以工作任务为核心来重新组织教学内容，案例和数据都来自企业实际，做到流程化、任务化、模块化。本书不仅可以作为中职中专财经管理类专业的教材，还可以作为相关职业的培训教材。

版权专有 侵权必究

图书在版编目（CIP）数据

国际货运代理 / 崔秀光，杜召强主编．－－北京：北京理工大学出版社，2023.8

ISBN 978-7-5763-2708-3

Ⅰ．①国… Ⅱ．①崔…②杜… Ⅲ．①国际货运－货运代理－教材 Ⅳ．①F511.41

中国国家版本馆 CIP 数据核字(2023)第 150358 号

责任编辑：	王梦春	文案编辑：	代义国
责任校对：	周瑞红	责任印制：	边心超

出版发行 /	北京理工大学出版社有限责任公司
社　　址 /	北京市丰台区四合庄路 6 号
邮　　编 /	100070
电　　话 /	（010）68914026（教材售后服务热线）
	（010）68944437（课件资源服务热线）
网　　址 /	http://www.bitpress.com.cn
版 印 次 /	2023 年 8 月第 1 版第 1 次印刷
印　　刷 /	定州市新华印刷有限公司
开　　本 /	889mm×1194mm　1/16
印　　张 /	11
字　　数 /	204 千字
定　　价 /	42.00 元

图书出现印装质量问题，请拨打售后服务热线，负责调换

前言

为贯彻落实《国家职业教育改革实施方案》和全国职业教育大会精神，深化"三教"改革，校企"双元"合作开发新时代职业教育教材。该教材围绕学习主体的工作岗位和工作任务科学有序编写，编写过程即为岗位工作的实施过程，实现了课程内容与职业标准对接、教学过程与生产过程对接。

国际货运代理在物流专业中处于中心地位，旨在培养学生基本的解决国际货运代理实务问题的能力，让学生充分了解本专业的特性，同时帮助学生获取国际货物运输行业及其他相关行业，如报关、报检、运输保险、海关、金融、国际贸易等多方面信息。国际货运代理与其他诸多相关课程，如国际贸易实务、物流经济地理、报关实务、报检实务、集装箱运输管理等联系紧密。

国际货运代理行业的每个岗位都有特定的工作内容及要求，而每个岗位的工作按照一定的业务流程形成了整个货运代理的作业流程。为了帮助学生完成特定的国际货运代理任务，需要对他们进行感知、认知和践知三方面的提升。因此，本教材设计了以工作过程为导向的教学体系，按照真实企业案例设计学习情境。

本教材的出版得到了北京理工大学出版社的指导和支持，它是集体智慧的结晶，也是合作的成果。但是，由于我们的学术水平和工作能力有限，本教材还有许多不尽如人意之处，有待我们在今后修订时继续改进。在此，也请使用本教材的师生及时向我们提出意见，帮助我们不断完善。

编　者
2023 年 8 月

项目一　入职培训	1
任务一　认识工作的地方	1
任务二　岗位职责	7

项目二　走进国际货运代理	13
任务一　选择集装箱	13
任务二　认知基础单据	21
任务三　集装箱的交接方式	34

项目三　集装箱货物的出口业务（一）	38
任务一　揽货	38
任务二　租船订舱	46
任务三　装箱	56

项目四　集装箱货物的出口业务（二）	62
任务一　报关报检	62
任务二　集港	78

  任务三 装船签单 ······ 84

  任务四 费用结算 ······ 92

项目五 集装箱货物的进口业务 ······ 98

  任务一 接单接货 ······ 98

  任务二 进口换单 ······ 103

  任务三 通关放行 ······ 110

  任务四 进口提货 ······ 121

项目六 航空操作业务 ······ 126

  任务一 航空货物出口业务 ······ 126

  任务二 航空货物进口业务 ······ 141

  任务三 航空快递货运业务 ······ 156

参考文献 ······ 168

项目一

入职培训

任务一 认识工作的地方

学前热身

国际货运代理认知

有甲、乙两家公司，它们生产同样的产品，并将其出口到国外同一家公司。但同样的生产条件下，甲公司所得利润却比乙公司少很多。甲公司负责人有些奇怪："我们公司的生产能力和业务水平都与乙公司不相上下，为什么却不如它获利多？"调查发现，乙公司在出口产品时将包括运输、存储等在内的所有相关业务都交给一个专门的货物运输代理公司——丙公司去做，而乙公司只需向丙公司支付相应的报酬即可。

随着国际贸易、运输方式的发展，国际货运代理已渗透到国际贸易的各个领域，成为国际贸易不可缺少的重要组成部分。市场经济的迅速发展使社会分工越来越明确，单一的贸易经营者或者单一的运输经营者都没有足够的力量亲自经营处理每项具体业务，他们需要委托代理人为其办理一系列商务手续，从而实现各自的目的。国际货运代理的基本特点是受委托人委托或授权，代办各种国际贸易、运输业务，并收取一定报酬，或者作为独立的经营人组织并完成货物运输、保管等业务，因而被认为是国际运输的组织者，也被誉为"国际贸易的桥梁"和"国际货物运输的设计师"。

国际货运代理

任务重难点

重点： 国际货运代理企业的组织结构。
难点： 国际货运代理企业的组织结构。

任务描述

由指导教师带队，企业师傅进行讲解，参观国际货运代理企业，通过实地调查了解国际货运代理企业的组织结构和具体业务，并做好记录，有问题及时提出，由教师和企业师傅解答。

知识云集

（一）国际货运代理的定义

国际货运代理协会联合会（International Federation of Freight Forwarders Associations, FIATA）将国际货运代理定义为根据客户的指示，为保障客户的利益而揽取货物运输的人，其本人并不是承运人。货运代理也可以根据这些条件，从事与运送合同有关的活动，如储货（也含寄存）、报关、验收、收款等。

《中华人民共和国国际货物运输代理业管理规定》对国际货运代理业的定义为接受进出口货物收货人、发货人的委托，以委托人的名义或者以自己的名义，为委托人办理国际货物运输及相关业务并取得服务报酬的行业。

（二）国际货运代理的分类

国际货运代理的分类见表1-1。

表1-1 国际货运代理的分类

序号	分类标准	类别
1	依据委托人的性质	进出口货物收货人、发货人的代理
		承运人的代理
2	依据委托人委托办理的事项	订舱揽货代理
		货物报关代理
		航线代理
		货物进口代理

续表

序号	分类标准	类别
2	依据委托人委托办理的事项	货物出口代理
		集装箱货运代理
		集装箱拆箱代理
		货物装卸代理
		中转代理
		理货代理
		储运代理
		报检代理
		报验代理
3	依据代理人的层次	一级货运代理
		二级货运代理
4	依据国际运输的方式	海运代理
		空运代理
		汽车货运代理
		铁路运输代理
		联运代理
		班轮货运代理
		不定期船货运代理
		液体、散货货运代理

（三）国际货运代理企业的组织结构

国际货运代理企业是指接受进出口货物收货人、发货人的委托，以委托人的名义或者以自己的名义，为委托人办理国际货物运输及相关业务并收取服务报酬的企业法人如中远国际航空货运代理有限公司、中外运敦豪国际航空快递有限公司（DHL）（图1-1-1、图1-1-2）。

图 1-1-1　中远国际航空货运代理有限公司

图 1-1-2　DHL

不同的企业根据自身发展情况和业务需要具有不同的组织结构类型，常见的组织结构有直线型、职能型、矩阵型、事业部型，如图 1-1-3 所示。

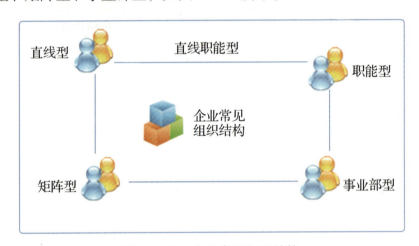

图 1-1-3　企业常见组织结构

1. 直线型

直线型组织结构的企业的各级行政单位从上到下实行垂直领导，下属部门只接受一个上级的指令，各级主管负责人对所属单位的一切问题负责。直线型组织结构比较简单，责任分明，命令统一，如图 1-1-4 所示。但是，这种结构对各级主管负责人的要求比较高，他们需要通晓多种知识和技能，亲自处理各种业务。我国 90% 的中小型货运代理公司都采用直线型组织结构。

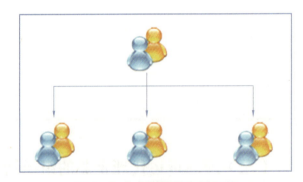

图 1-1-4　直线型组织结构

2. 职能型

职能型组织结构的特点是各级管理机构和人员实行高度的专业化分工，各自履行一定的管理职能，如图 1-1-5 所示。这种结构能适应现代化工业企业生产技术比较复杂、管理工作比较精细的特点；能充分发挥职能机构的专业管理作用，减轻直线领导人员的工作负担。但是，职能型组织结构导致平行部门之间的日常沟通较为困难，容易形成部门保护主义。

图 1-1-5　职能型组织结构

值得一提的是，为了克服直线型和职能型组织结构的缺点，企业逐渐发展出了直线职能型组织结构，它综合了直线型组织结构和职能型组织结构的优点。

3. 矩阵型

矩阵型组织结构有纵横两套管理系统——纵向的职能管理系统和为完成某项任务而组成的横向项目系统，如图 1-1-6 所示。它具有以下优点：加强了部门间的横向联系，增强了组织的机动性，集权和分权相结合，专业人员潜能得到发挥，有利于培养各种人才。但是，这种结构中的信息和权力等资源一旦不能共享，项目负责人和职能经理就会争夺有限资源或因权力不平衡产生矛盾，从而增加协调成本。

图 1-1-6　矩阵型组织结构

4. 事业部型

事业部型组织结构的特点是集中决策、高层授权、分散经营，如图 1-1-7 所示。在这种组织结构中，总公司领导可以集中精力考虑全局问题；事业部独立核算，发挥经营管理的积极性，更利于组织专业化生产和实现企业的内部协作；各事业部之间的比较和竞争有利于企业的发展；事业部内部供、产、销之间的关系容易协调；事业部经理从事业部整体来考虑问题，有利于培养管理人才。但是，这种组织结构公司与事业部的职能机构重叠、管理人员冗余，造成人力资源浪费；各事业部只考虑自身的利益，影响彼此之间的协作，一些业务联系与沟通往往被经济关系替代。

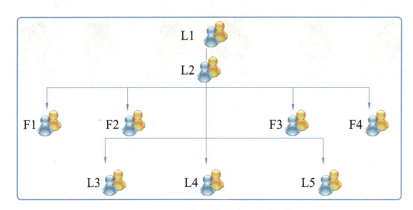

图 1-1-7　事业部型组织结构

任务实施

步骤一：明确任务，学生分组

教师给学生讲解任务要求，并根据实际情况对学生进行分组。学生可事先在网上查询有关国际货运代理的知识。

步骤二：参观企业

由指导教师带队，企业师傅进行讲解，参观国际货运代理企业。在参观的过程中，学生需要了解该企业的组织结构、业务范围、管理制度等信息，并做好记录，有问题及时提出。

步骤三：小组讨论

参观完成后，学生以小组为单位进行讨论，绘制企业的组织结构图。

步骤四：成果展示

小组讨论后，选出一名成员对小组成果进行讲解和展示。

技能训练

以小组为单位,选择一个国际货运代理企业,通过互联网或实地调研收集该企业的资料,完成调查报告。报告内容需包括该企业的业务范围、管理制度、组织结构等。

小故事大道理

用人之道

去过寺庙的人都知道,一进庙门,首先映入眼帘的是弥勒佛,他笑脸迎客,而在他的北面则是黑脸的韦陀。但相传在很久以前,他们并不在同一个寺庙里,而是分别掌管不同的寺庙。

弥勒佛热情快乐,所以来的人非常多,但他什么都不在乎,丢三落四,没有好好地管理账务,所以寺庙入不敷出。而韦陀虽然管账是一把好手,但太过严肃,导致来的人越来越少,最后香火断绝。

佛祖在查香火的时候发现了这个问题,就将他们俩安排在同一个寺庙里,由弥勒佛负责公关,笑迎八方客,于是香火大旺;而韦陀虽过于严肃,但善于管账,于是由他负责账务,严格把关。在两人的分工合作下,寺庙一派欣欣向荣。

任务二 岗位职责

学前热身

国际货运代理协会联合会简介

国际货运代理协会联合会于1926年5月31日在奥地利维也纳成立,总部设在瑞士苏黎世,是一个非营利性的国际货运代理行业组织,其目的是保障全球货运代理人的利益并促进行业发展。

FIATA是一个世界运输领域最大的非政府组织,具有广泛的国际影响,代表全世界150个国家40 000家货运代理及物流企业、800万~1 000万货运代理和物流从业人员。根据FIATA总部秘书处2021年的FIATA会员名录,FIATA现有国家级会员(National Associations)106个,分布在96个国家,个体会员(Individual Members)6 000个。

中国对外贸易运输（集团）总公司以国家级会员的身份于1985年加入了FIATA。2000年9月，中国国际货运代理协会成立，次年作为国家级会员加入FIATA。我国台湾和香港各有一个区域性会员，其中台湾以"中国台北"的名称在FIATA登记注册。目前，我国内地有20多个个体会员，香港有105个，台湾有48个。

1996年10月推出的FIATA标准条件对国际货运代理人的定义及责任风险做了法律界定，并为货运代理人及托运人之间的委托关系制定了合约文本，对全球货运代理的业务规范化和风险防范起到了巨大的推动作用。

FIATA所制定的包括联运提单在内的8套标准格式单证更为各国货运代理广泛使用，并在国际上享有良好的信誉，对国际货运代理业的健康发展起到了良好的促进作用。

任务重难点

重点： 国际货运代理企业岗位职责。

难点： 国际货运代理企业岗位业务操作。

任务描述

在任务一的基础上，由指导教师带队，企业师傅进行讲解，参观国际货运代理企业的具体部门，通过实地调查了解各部门、各岗位的具体职责，并做好记录，有问题及时提出，由教师和企业师傅解答。

知识云集

根据自身业务发展的需要，不同的货运代理公司的不同部门会有不同的岗位设置，常见的有销售员、操作员、单证员、客服员、报关员。

（一）销售员（物流顾问、业务员）

岗位职责：开发及拜访客户，与客户进行沟通、协商，开拓市场。

（二）操作员

岗位职责：

（1）与船运公司确认运价，对国内外报价，回复代理邮件。

（2）接受托书，向船运公司订舱，协调舱位，联络客户出货事宜，跟踪工厂备货进度。

（3）安排车队提供集装箱门到门服务，收集报关资料及审单（包括商检、熏蒸证书、产证等），盯箱/查箱，确认集装箱是否上船。

（三）单证员

岗位职责：

（1）发进舱通知书，与仓库联络及对货。

（2）联络客户出货事宜。

（3）输入及制作成本收入往来账单。

（4）收取各式保函，制作提单等相关文件。

（5）与代理确认文件。

（6）制作收支汇总表。

（四）客服员

岗位职责：

（1）处理客户的投诉。

（2）整理、分析，生成客户重点关注的资料，为销售部门做市场分析，特别是定期制作运价备案表及了解市场价格行情。

（3）与客户协同处理棘手问题，同时与其联络出货事宜，进行后期电话回访。

（4）与客户沟通，帮助业务员或协调其他部门跟踪好单据，服务好客户。

（五）报关员

岗位职责：

（1）申报并办理、填制报关单。

（2）申请办理缴纳税费和退税、补税事宜。

（3）申请办理加工贸易合同备案（变更）等事宜。

（4）申请办理进出口货物减税、免税等事宜。

（5）协助海关办理进出口货物的查验、结关等事宜。

任务实施

步骤一：明确任务

教师给学生讲解任务要求，并根据实际情况对学生进行分组。

步骤二：参观企业各部门

由指导教师带队，企业师傅进行讲解，参观国际货运代理企业的具体部门。在参观的过程中，学生需要详细了解该企业客服部、报关报检部等部门的岗位职责，并做好记录，有问题及时提出。

下面是某国际货运代理公司的组织结构（图1-2-1）。

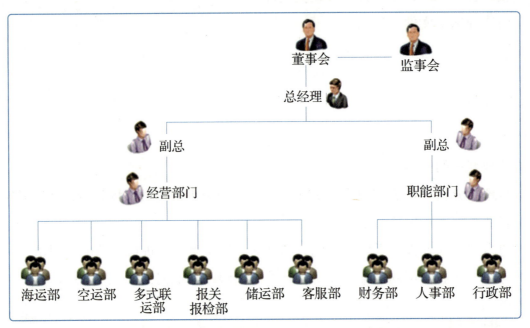

图1-2-1 某国际货运代理公司的组织结构

1. 海运部

海运部的岗位职责主要包括：提供集船东和货运代理于一体的一条龙服务，办理进出口货物的订舱、配载、制单、代客报关、集港运输、提单签发等业务，同时专营从国外进口货物的订舱，各种散装、集装箱货的港口接货，代客报关、报验并通过国内铁路、航空、沿海、内河、公路运输和联运至国内最终目的地等业务，以及代办集装箱的拆箱、分拨、转运和进口货物的储存业务。

2. 空运部

空运部为客户提供航空物流方案设计、供应链管理及空运代理服务，包括订舱、仓储、分拨、包装、报关、报验、保险、卡车运输等；同时提供国际航空快递服务。

3. 多式联运部

多式联运部承接需要由两种及以上的交通工具相互衔接、转运而共同完成的运输业务。

4. 报关报检部

报关报检部主要负责口岸进出口报关、异地进出口报关，海关口岸备案，年审进出口单证制作、审单，进出口海关现场查验通关，商检换单、植检、卫检、港区货物检疫，进出口货物的熏蒸，危险品、冷藏箱箱体检疫、检装、审报。

5. 储运部

储运部拥有仓库、堆场和铁路专用线，集装箱运输车等生产用车，以及用于集装箱拆装的平台等专业装卸设施，为各种商品的进出口运输提供服务。

6. 客服部

客服部主要负责客户服务业务，包括客户服务、发货信息的收集，客户的投诉、查询和紧急订单的处理；配合业务、操作等部门服务好客户；制定客户服务策略和客户服务规范，树立公司的服务品牌，提高客户满意度。

7. 财务部

财务部是主要负责财务核算管理以及财务监督、稽核、检查、协调和指导的专职管理部门，通常分为应付、出纳、审核三个小组。

8. 人事部

人事部负责公司人力资源工作的规划，办理招聘、培训、考勤等事宜。

9. 行政部

行政部负责制定企业管理规章制度、行政人事管理制度，并监督其执行情况，处理绩效考核、合同管理等相关事宜。

步骤三：小组讨论

参观完成后，学生以小组为单位进行讨论，对企业的组织结构进行分析。

步骤四：成果展示

小组讨论后，选出一名成员对小组成果进行讲解和展示。教师对各组存在的不足进行指正，并做出点评。

技能训练

（1）以小组为单位，模拟国际货运代理企业进行岗位分配，并模拟完成各岗位的业务操作。

（2）通过互联网选择几家知名的国际货运代理企业，比较其业务范围及岗位设置情况。

小故事大道理

所长无用

有个鲁国人擅长编草鞋，他妻子擅长织白绢。他想迁到越国去，友人对他说："你到越国去一定会贫穷的。""为什么？""草鞋是用来穿着走路的，但越国人习惯赤足走路；白绢是用来做帽子的，但越国人习惯披头散发。你带着自己的长处到用不到它的地方去，怎么能不贫穷呢？"

项目二

走进国际货运代理

任务一 选择集装箱

学前热身

集装箱有了电子监控眼

基于北斗卫星导航系统的集装箱智能物流关键技术与监控终端是一台书本大小的设备,使用时安装在集装箱上。这台设备载有监控温度、湿度、振动、烟雾、开关箱门信号等多种传感器,一旦集装箱门被打开或是箱内货物所处的环境出现异常,如温度超标、振动剧烈,设备就会发出信号,并通过北斗卫星将其实时发送到用户的手机上。

据悉,该成果融合卫星定位、卫星通信和移动互联网等技术,创新研制了跟踪与监控终端、系统平台和手机客户端,实现了物流过程中对在途货物的实时跟踪和监控。

专家一致认为,该终端及系统是一项前景十分广阔的创新型技术,将开拓北斗系统的应用市场,扩大其产业化规模,进而加快北斗系统的民用化进程。

任务重难点

重点：集装箱标志、集装箱箱型代码及每个部件的名称。
难点：根据货物的特性选择合适类型的集装箱。

任务描述

（1）掌握集装箱的分类。
（2）了解不同集装箱的用途。

知识云集

为满足装载不同种类货物的需要，出现了不同种类的集装箱。这些集装箱的外观、结构、强度、尺寸等都不相同。根据用途，集装箱可分为以下几种。

（一）普通集装箱

普通集装箱又称干货集装箱（Dry Container）（图2-1-1），通常为封闭式，在一端或侧面设有箱门。其使用范围极广，占全部集装箱的80%以上。普通集装箱通常用来装运文化用品、化工用品、电子机械、工艺品、医药、日用品、纺织品及仪器零件等，不受温度变化影响的各类固体散货、颗粒或粉末状的货物都可以用这种集装箱装运。

图2-1-1　普通集装箱

（二）冷藏集装箱

冷藏集装箱（Reefer Container）（图2-1-2）分外置式和内置式两种，温度可在-28~+26℃范围内调整。内置式冷藏集装箱在运输过程中可随意启动冷冻机，使集装箱保持指定温度。外置式冷藏集装箱则必须依靠集装箱专用车、船和专用堆场、车站上配备的冷冻机来制冷。这种集装箱适合在夏天运输黄油、巧克力、冷冻鱼肉、炼乳、人造奶油等物品。

图 2-1-2　冷藏集装箱

（三）开顶集装箱

开顶集装箱（Open Top Container）（图 2-1-3）是指没有刚性箱顶的集装箱，但有由可折叠式或可折式顶梁支撑的帆布、塑料布或涂塑布制成的顶篷，其他构件与通用集装箱类似。这种集装箱适合装载大型货物和重货，如钢铁、木材，特别是玻璃板等易碎的重货，利用吊车从顶部吊入箱内不易损坏，而且便于在箱内固定。

图 2-1-3　开顶集装箱

（四）框架集装箱

框架集装箱（Flat Rack Container）（图 2-1-4）是指没有箱顶和侧壁，甚至连端壁也去掉，而只有底板和四个角柱的集装箱。这种集装箱可以从前后、左右及上方进行装卸作业，适合装载长大件货物和重货物，如重型机械、钢材、钢管、木材、钢锭等。框架集装箱没有水密性，怕水湿的货物不能装运，或者用帆布遮盖装运。

图 2-1-4 框架集装箱

（五）保温集装箱

保温集装箱（Insulated Container）（图 2-1-5）箱内有隔热层，箱顶又有能调节角度的进出风口，可利用外界空气和风向来调节箱内温度，紧闭时能在一定时间内不受外界气温影响。保温集装箱适合装运对温湿度敏感的货物。

图 2-1-5 保温集装箱

（六）牲畜集装箱

牲畜集装箱（Pen Container）（图 2-1-6）是一种装运鸡、鸭、鹅等活家禽和牛、马、羊、猪等活家畜的集装箱。为了遮蔽太阳，箱顶采用胶合板露盖，侧面和端面都有用铝丝网制成的窗，以保持良好的通风。侧壁下方设有清扫口和排水口，并配有上下移动的拉门，可把垃圾清扫出去；还装有喂食口。牲畜集装箱在船上一般应装在甲板上，因为甲板上空气流通较好，便于清扫和照顾牲畜。

图 2-1-6　牲畜集装箱

（七）罐式集装箱

罐式集装箱（Tank Container）（图 2-1-7）是专门用于装运酒类、油类（如动植物油）、液体食品以及化学品等液体货物的集装箱，也可以装运其他危险液体。这种集装箱有单罐和多罐数种，罐体四角由支柱、撑杆构成整体框架。

图 2-1-7　罐式集装箱

（八）平台集装箱

平台集装箱（Platform Container）（图 2-1-8）形状类似铁路平板车，适合装超重超长货物，长度可达 6 m 及以上，宽 4 m 以上，高 4.5 m 左右，重量可达 40 t，且两台平台集装箱可以连接起来，装 80 t 的货物。用这种集装箱装运汽车极为方便。

图 2-1-8　平台集装箱

（九）通风集装箱

通风集装箱（Ventilated Container）（图2-1-9）是为装运水果、蔬菜等不需要冷冻而具有呼吸作用的货物，在端壁和侧壁上设有通风孔的集装箱。如将通风口关闭，通风集装箱同样可以作为杂货集装箱使用。

图2-1-9　通风集装箱

（十）散货集装箱

散货集装箱（Bulk Container）（图2-1-10）是一种密闭式集装箱，有玻璃钢制和钢制两种。前者由于侧壁强度较大，故一般装载麦芽和化学品等相对密度较大的散货，后者则用于装载相对密度较小的谷物。散货集装箱顶部的装货口应设水密性良好的盖，以防雨水侵入箱内。

图2-1-10　散货集装箱

（十一）挂式集装箱

挂式集装箱（Dress Hanger Container）（图2-1-11）的特点是箱内上侧梁装有许多根横杆，每根横杆上垂下若干条皮带扣、尼龙带扣或绳索，适合装运服装。这种服装装运法属于无包装运输，它不仅节约了包装材料和包装费用，而且减少了人工劳动。

图2-1-11　挂式集装箱

（十二）汽车集装箱

汽车集装箱是一种运输小型汽车的专用集装箱，分为单层和双层两种（图2-1-12）。其特点是在简易箱底上装一个钢制框架。因为小轿车的高度为1.35～1.45 m，如装在8英尺（2.438 m）的标准集装箱内，其容积要浪费2/5以上，所以出现了双层集装箱。双层集装箱的高度有两种：一种为10.5英尺（3.2 m），一种为17英尺（约5.2 m）。因此，汽车集装箱一般不是国际标准集装箱。

图2-1-12　汽车集装箱

（十三）其他用途集装箱

集装箱现在的应用范围越来越广，不但用于装运货物，还广泛用于其他领域。例如，可在一个20英尺的集装箱内安装一套完整的发电机组，装满燃油后可连续发电96 h，供应36只20英尺或40英尺冷藏集装箱的用电；可在一个20英尺的集装箱内装备舒适的居室和办公室。其他用途集装箱如图2-1-13所示。

图2-1-13　其他用途集装箱

任务实施

实训操作过程中通过操控鼠标，逐步探索和掌握集装箱箱体构造，熟悉箱体标示。

（一）查看标示介绍

鼠标滑过箱体，触发认知部件高亮显示，单击鼠标弹出标注介绍内容，再次单击箱体标示则隐藏标注介绍内容。

国际货运代理

（二）旋转箱体

点击鼠标中间的滚轮，旋转集装箱箱体，调整到需要的查看视角，滚动鼠标滚轮放大、缩小箱体显示区域。

（三）开/闭箱门

单击实训界面中的"打开集装箱箱门"按钮，系统将打开集装箱门，可从另一个视角观察集装箱内外部结构。若想关闭箱门，单击"关闭集装箱箱门"按钮，回到集装箱结构认知的初始状态。

（四）开/闭箱顶

单击实训界面中的"顶移开"按钮，系统将集装箱顶部平移至空置区域，方便俯视集装箱内外部结构。若想还原集装箱箱顶，单击"顶还原"按钮，回到集装箱结构认知的初始状态。

（五）显示标注

单击"显示标注"按钮，将集装箱构造标注全部显示出来；单击"取消标注"，将集装箱构造标注全部隐藏起来。

技能训练

举例说明各种集装箱的用途。

小故事大道理

袋鼠与笼子

一天，动物园管理员发现袋鼠从笼子里跑出来了，于是开会讨论，最后一致认为是笼子的高度过低。所以，他们决定将笼子的高度由原来的10米增加到20米。结果第二天他们发现袋鼠还是跑出来了，所以他们决定将高度增加到30米。

没想到隔天居然又看到袋鼠全跑出来了，管理员特别紧张，于是一不做二不休，将笼子的高度增加到100米。

一天，长颈鹿和几只袋鼠闲聊，问道："你们看，这些人会不会继续加高你们的笼子？""很难说。"袋鼠说，"如果他们继续忘记关门的话！"

任务二 认知基础单据

学前热身

国际货物运输中的五种主要运输单据

运输单据是承运人收到承运货物后签发给出口商的证明文件，它是交接货物、处理索赔与理赔以及向银行结算货款或进行议付的重要单据。

在国际货物运输中，运输单据的种类很多，其中包括海运提单、铁路运输单据、航空运单、邮包收据和多式联运单据等，现将主要运输单据简述如下。

1. 海运提单

海运提单（Ocean Bill of Lading，B/L）是船方或其代理人在收到其承运的货物时签发给托运人的货物收据，也是承运人与托运人之间运输契约的证明，它在法律上具有物权证书的效用。收货人在目的港提取货物时，必须提交正本海运提单。

2. 铁路运输单据

铁路运输可分为国际铁路联运和国内铁路运输两种方式，前者使用国际铁路联运运单，后者使用国内铁路运单。对于通过铁路对港、澳出口的货物，由于国内铁路运单不能作为对外结汇的凭证，故使用承运货物收据这种特定性质和格式的单据。

3. 航空运单

航空运单（Airway bill）是承运人与托运人之间签订的运输契约，也是承运人或其代理人签发的货物收据。航空运单还可作为核收运费的依据和海关查验放行的基本单据，但航空运单不是航空公司的提货通知单。在航空运单的"收货人"栏内，必须详细填写收货人的全称和地址，而不能做成指示性抬头。

4. 邮包收据

邮包收据（Parcel Post Receipt）是邮包运输的主要单据，它既是邮局收到寄件人的邮包后所签发的凭证，也是收件人提取邮件的凭证。当邮包发生损坏或丢失时，邮包收据还可以作为索赔和理赔的依据，但其不是物权凭证。

5. 多式联运单据

多式联运单据（Combined Transport Documents，CTD）是在多种运输情况下使用的一种运输单据。这种运输单据虽与海运中的联运提单有相似之处，但其性质与海运中的联运提单有区别。

国际货运代理

任务重难点

重点：相关单证的制作和识读。

难点：审核并确认客户托运单的信息是否完整。

任务描述

2021年2月1日，青岛洪强机械制造公司（以下简称洪强制造）从马来西亚 Hayu Malaysia Apparatus Pte Ltd. 进口一批机械螺母（型号为 M12L24），双方签订了贸易合同，成交方式为 FOB（Free on Board，离岸价），结算方式为信用证。此批机械螺母供外贸自营内销。2月10日洪强制造与青岛广峰国际货运代理有限公司（以下简称广峰代理）签订。

由于成交方式为 FOB，进口商洪强制造负责运输和保险业务。2021年2月15日，青岛广峰国际货运代理有限公司（以下简称广峰代理）委托出口地货代公司从出口地丹戎帕拉帕斯港租船订舱，2月28日这批机械螺母顺利装船，签发提单。2021年3月10日船到港。洪强制造委托广峰代理完成这批机械螺母的进口业务操作。

货物信息如下：

集装箱号：mcsU0512532*1（1）。

泊位：港区 4-03。

商品数量：每 100 个 10 kg，共 1 000 kg。

包装种类：纸箱。

包装说明：每 10 kg 一个包装，共 100 个包装箱；每 4 小箱装在一个大包装内，共 25 箱。上述案例为整箱货的进口运输操作，请根据上述作业流程完成所涉相关单据的填写。

知识云集

（一）订舱委托书

订舱委托书简称托书，是进出口商为了买卖商品，通过船公司和货代公司进行船运订舱的申请书。

（二）集装箱发放/设备交接单

集装箱发放/设备交接单是集装箱所有人或租用人委托集装箱装卸区、中转站或内陆站

项目二 走进国际货运代理

与货方即用箱人或其代表之间交接集装箱和承运设备的凭证。

（三）集装箱装箱单

集装箱装箱单（Container Load Plan）是详细记载每一个集装箱内所装货物名称、数量、尺码、重量、标志和箱内货物积载情况的单证，对于特殊货物还应加注特定要求，如对冷藏货物要注明对箱内温度的要求等。它是集装箱运输的辅助货物舱单。

（四）场站收据

场站收据（Dock Receipt，D/R）又称港站收据或码头收据，是国际集装箱运输专用出口货运单证。它是由承运人委托集装箱堆场、集装箱货运站或内陆集装箱货运站在收到FCL（整箱货）或LCL（拼箱货）后，签发给托运人的证明已收到托运货物并对货物开始负有责任的凭证。场站收据一般是在托运人口头或书面订舱，与船公司或船代达成货物运输协议，船代确认订舱后，交托运人或货代填制，在承运人委托的码头堆场、集装箱货运站或内陆集装箱货运站收到FCL或LCL后签发生效，托运人或其代理人可凭场站收据向船代换取已装船或待装船提单。

（五）出口货物报关单

出口货物报关单是由海关总署规定的具有统一格式和填制规范，由出口企业或其代理人填制并向海关提交的申报货物状况的法律文书，是海关依法监管货物出口、征收关税及其他税费、编制海关统计表以及处理其他海关业务的重要凭证。

（六）报检单

报检单是国家检验检疫部门根据检验检疫、鉴定工作的需要，为保证检验检疫工作规范化和程序化而编制的。它是报检人根据有关法律、行政法规或合同约定申请检验检疫机构对其某种货物实施检验检疫、鉴定出具的书面凭证，表明申请人正式向检验检疫机构提出了检验检疫、鉴定的申请。报检单也是检验检疫机构对出入境货物实施检验检疫、启动检验检疫程序的依据。

（七）通关单

通关单就是法检（商检）商品的一种通行文件，即通常所说的商检单。通关单是报关单证之一，凡监管条件为A或B的属于法检目录的商品，都需要去质量监督与检验检疫局办理出境货物通关单。进出口时出具通关单，海关才给予放行。

在海关机构网站的"H.S.编码"下，输入商品的海关编码，即可查看监管条件。凡监管条件为B的商品均需要出境货物通关单，出口商必须办理出口报检。办理报检时，应根据信用证或进口商要求，在出境货物报检单的"需要证单名称"栏下选择所需商检证书。其中，通关单为必选单据。报检等待1 h后，出口商即可在"单据中心"查到由商检部门签发的出境货物通关单及其他商检证书。

（八）提单

提单（Bill of Lading）是承运人收到货物后出具的货物收据，也是承运人所签署的运输契约的证明。提单还代表所载货物的所有权，是一种具有物权特性的凭证。

提单必须由承运人或船长或他们的代理签发，并应明确标明签发人身份。

提单是证明海上运输合同成立和证明承运人已接管货物或已将货物装船并保证送到目的地交付货物的单证。

提单也是一种货物所有权凭证，承运人据以交付货物。提单持有人可据以提取货物，也可凭此向银行押汇，还可在载货船舶到达目的港交货之前进行转让。

提单内容由正面事实记载和提单背面条款两部分组成。各船公司所制定的提单的主要内容大致相同。

（九）进口货物报关单

进口货物报关单是进口单位向海关提供的审核其是否为合法进口货物的凭据，也是海关据以征税的主要凭证，还可作为国家法定统计资料的重要来源。所以，进口单位要如实填写进口货物报关单，不得虚报、瞒报、拒报和迟报，更不得伪造、篡改。

一般贸易货物进口时，应填写进口货物报关单，一式两份，并随附一份报关行预录入打印的报关单。

来料加工、进料加工贸易进口货物应按照不同的贸易性质填写绿色或粉红色的进口货物报关单，并随附一份报关行预录入打印的报关单。

合资企业进口货物时，一律使用合资企业专用报关单（蓝色），一式两份。

任务实施

图2-2-1为FCL的进口运输操作流程，据此完成其中所涉单据的填写。

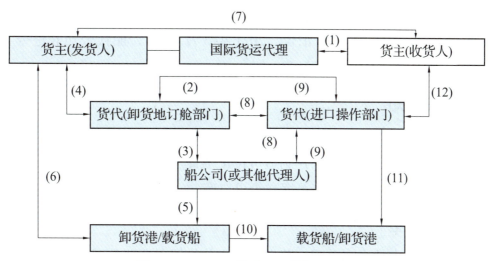

图 2-2-1　FCL 的进口运输操作流程

步骤一：委托租船订舱

2021 年 2 月 1 日，洪强制造与马来西亚 Hayu Malaysia Apparatus Pte Ltd. 签订销售合同之后，2 月 10 日便与广峰代理签订运输协议，委托广峰代理完成这批机械螺母的进口运输操作。

2 月 15 日广峰代理委托出口地货代公司从出口地丹戎帕拉帕斯港租船订舱，并与出口商 Hayu Malaysia Apparatus Pte Ltd. 核对了这批螺母的总量，收到了发票、箱单等单据。出口地货代公司核对出口货物信息以及托运单内容与实际出口商品信息，缮制了货物清单之后，向船公司租船订舱。

出口地货代公司确认租船订舱之后，及时通知广峰代理船名航次为 MCS ANGLE v0928；提单号为 XMCSQFCKC00051。

步骤二：装船

出口商 Hayu Malaysia Apparatus Pte Ltd. 准时将这批螺母交给船公司。2021 年 2 月 28 日，出口地船公司顺利将这批货物装船，装船结束之后顺利签发提单。

出口地货代公司在收到提单之后，将提单、发票、箱单等单据一起寄给广峰代理。

出口地船公司及时将船到青岛港的时间（预计船名航次为 MCS ANGLE v0928 的船舶到达青岛港的时间是 2021 年 3 月 10 日）以提货通知书的方式通知广峰代理，要求广峰代理及时做好提货准备，以便货物在抵达青岛港之后，能够尽快疏运出港，避免货物在港口积压。

步骤三：接单接货

广峰代理在收到出口地货代公司寄来的全套单据之后，核对提货通知书，及时安排船停靠的泊位和装卸计划。这批螺母装在一个 20 英尺集装箱内，提单号为 XMCSQFCKC00051，根据发送来的船图、积载图、舱单可以一目了然地看到这个集装箱的位置。广峰代理在接单接货后编制了卸货计划，确定了放箱位置。

船舶到港后，停靠在港区 4-03 泊位。2021 年 3 月 10 日，船代公司和港务、港监共同安排船舶停靠和卸船，全程记录卸货过程。

步骤四：到货通知

广峰代理收到出口货代公司发来的提货通知书。与此同时，广峰代理将五联单中的第一联（到货通知联）寄给洪强制造。洪强制造可持正本提单和到货通知书至船公司或船代公司付清运费，换取其余四联，并将全套单据交给出口商。

步骤五：货代换单

广峰代理收到出口商的全套单据，并在提货之前将提单向船公司换成五联单（提货单），完成通关和提货。

收货人凭提单正本或副本随同有效的担保向承运人或其代理人换单的，可向港口装卸部门提取货物的凭证。发放小提单（发货人凭正本提单从承运人或其代理人处换取的用于提货的不可转让的凭证）时应做到：

（1）正本提单为合法持有人所持有。

（2）提单上的非清洁批注应转上小提单。

（3）当发生溢短残情况时，收货人有权向承运人或其代理获得相应的签证。

（4）运费未付的，应在收货人付清运费及有关费用后，方可放小提单。

在向船代换单时，应首先审核提单正本上标注的运费是到付还是预付。这里主要完成的是运费的确认，如果是到付就要去财务交运费，交完运费之后，正本提单上就会加盖运费付讫章；如果是预付就不用交运费。

本案例中，从洪强制造所持提单上可以看到运费是预付，标有"Freight prepaid"，所以交运费这一步可以省略，在正本提单上加盖运费付讫章即可进行下一步操作。

在"运费付讫"确认之后，提货的车队到船代箱管科交押箱费。此时，洪强制造会换取设备交接单，同时船代箱管科会在正本提单上加盖押箱章。洪强制造首先凭提单复印件盖收货人章及车队章。进口押箱相关费用如表 2-2-1~ 表 2-2-3 所示。

表 2-2-1　普通箱进口押箱相关费用

免费用箱期	押箱费/万元	滞箱费			
		期限	前11~20天	21~40天	40天以上
10 天	小箱：1		USD5/天	USD10/天	USD20/天
	大箱：2		USD10/天	USD20/天	USD40/天

表 2-2-2　冷箱进口押箱相关费用

免费用箱期	押箱费/万元	滞箱费			
		期限	前5~10天	11~20天	20天以上
4 天	小箱：1.5		USD20/天	USD35/天	USD70/天
	大箱：3		USD40/天	USD70/天	USD140/天

表 2-2-3　高箱进口押箱相关费用

免费用箱期	押箱费/万元	滞箱费			
		期限	8~15天	16~40天	40天以上
7 天	3		USD14/天	USD25/天	USD50/天

广峰代理的车队向相关部门交纳1万元的押箱费之后，即有10天的免费用箱期，在这段时间内完成送货和还箱才能不交额外滞箱费。

交纳押箱费之后，在正本提单上就加盖了运费付讫章、押箱章两个签章。接着就要办理持单换单。在这份正本提单中，"收货人"栏目为"TO ORDER"。按照业务操作标准，有发货人背书和一份正本提单或三份正本提单可以换取提货单。进口方提单换提货单的对应情况如表2-2-4所示。

表 2-2-4　进口方提单换提货单对应情况

提单"收货人"栏目	进口方对应提单
TO ORDER	发货人背书 + 一份正本提单 / 三份正本提单
收货人自己	收货人背书（发货人不用背书）或三份正本提单
电放提单	收货人电放保函和提单副本一份（正、副本提单复印件或副本）

船代公司收到发货人背书加盖有运费付讫章、押箱章的三份正本提单，便可顺利换取提货单（图2-2-2）。

提　货　单			
海关编号			126009441
收货人： QingDao HongQiang Machinery Manufacturing Company Tel：0532-7946765 Fax：0532-7946765		下列货物已办妥手续，运费结清，准予交付收货人	
船名： MCS ANGLE	航次： v0928	起运港： TANJUNG PELEPAS	目的港： QINGDAO

图 2-2-2　提货单

提单号：XMCSQFCKC00051	交付条款：CY-CY	第一程运输：	
集装箱号：mcsU0512532*1（1）	箱数：25箱	换单日期：2021.03.10	卸货地点：青岛港
集装箱号铅封号	货物名称	件数与包装	重量	体积
mcsU0512532*1（1）	螺母	25箱	1 000 kg	26.4 m³
收货人章：	海关章：	检验检疫章：	货代章：船代提货专用章

注意事项：
1. 本提货单需要有船代（船公司）放货章和海关放行章方才有效。凡属法定检验检疫的进口商品，必须向检验检疫机构申报。
2. 货物超过港存期，码头公司可以按有关规定处理。在规定时间内无人提取的货物，按《中华人民共和国海关法》和国家有关规定处理

图 2-2-2 提货单（续）

提单的抬头有以下三种：

（1）90% 的抬头是"TO ORDER"（必须填写通知方），目的是控制物权，便于转让，并在船到港两三天前通知货已到港。

（2）"TO ORDER"又分为两种："TO ORDER OF SHIPPER"和"TO ORDER OF ** BANK（指定代收行）"；需要发货人背书或者收货人持三份正本提单才可以提货。

（3）电放（TELEX RELEASE）：针对近洋国家之间的运输而提出。

近洋国家之间运输距离比较短，且等签发提单后船就基本到达目的港了，来不及将提单邮寄给收货人或者通知方，用正本提单不现实，于是就提出了使用电放手续换取提货单的方式。

实际操作中，办理电放提单时，出口商出电放保函给船方，此时船方给目的港船公司发传真，在舱单上批注"此票货物办理电放"。进口商持提单复印件和收货人电放保函即可提货。注意，在使用电放提单时，提单上必须填写收货人。

步骤六：进口报关

1. 收集单据

洪强制造收到出口商寄来的全套正本单据——贸易合同、发票、箱单等之后，就将其交

给广峰代理，委托其办理通关手续。

2. 报关委托

洪强制造委托广峰代理办理出口报关手续，首先确认商品编码（73181600），通过查阅，确定监管条件为 B。出口商品已经过法定商检，办理进口不需要法检，并提供通关单。洪强制造将单据交给广峰代理，委托其办理报关手续。报检委托书如图 2-2-3 所示。

此处如果监管条件是 A 或者 A/B，就需要办理法检手续，即必须经商检机构检验，向商检机构办理进口商品登记，才能获得通关单。

报 检 委 托 书

　　　青岛市　　　出入境检验检疫局：

　　本委托人郑重声明，保证遵守出入境检验检疫法律、法规的规定。如有违法行为，自愿接受检验检疫机构的处罚并负法律责任。

　　本委托人委托受委托人向检验检疫机构提交"报检申请单"和各种随附单据。具体委托情况如下：

品名	手工工具	H.S. 编码	6201131000
数（重）量	1 000 套	合同号	HXMY130306
信用证号		审批文号	
其他特殊要求			

　　特委托　　　青岛广峰国际货运代理有限公司　　　（单位/注册登记号），代表本公司办理下列出入境检验检疫事宜：

☑1. 办理代理报检手续；
☑2. 代缴检验检疫费；
☑3. 负责与检验检疫机构联系和验货；
☑4. 领取检验检疫证单；
☑5. 其他与报检有关的事宜。

请贵局按有关法律、法规的规定予以办理。

委托人（公章）　　　　　　　　　　　受委托人（公章）
　　年　　月　　日　　　　　　　　　　　年　　月　　日
　　　　　　　　本委托书有效期至　　　　年　　　　月　　　　日

图 2-2-3　报检委托书

3. 填写进口报关单草单

广峰代理根据本笔业务的全套单据，填制进口报关单草单。

4. 发送单据

广峰代理登录中国电子口岸到海关预录入中心预录入货物信息，进行电子申报。

5. 审单

电子申报的货物信息会通过海关内部系统传输给海关审单中心,海关审单中心审核通过后,再将报关单及随附单证(合同、发票、箱单、提货单正本和提单副本)提交给海关书面审核。

海关审核完单证后,核对计算机系统计算的税费,开具税收缴款书和收费票据。广峰代理在规定时间内持税收缴款书和收费票据向指定银行办理税费交付手续,在收到银行缴款成功的信息后,报请海关办理货物放行手续。

审核通过后,海关在进口货物提货单上签盖海关放行章,同时在电子系统中确认放行,使该货物可以通过电子闸门。广峰代理签收提货单(图2-2-4),凭此提取进口货物或将出口货物装运到运输工具上离境。

提 货 单			
海关编号			126009441
收货人: QingDao HongQiang Machinery Manufacturing Company		下列货物已办妥手续,运费结清,准予交付收货人	
Tel:0532-7946765 Fax:0532-7946765			
船名: MCS ANGLE	航次: v0928	起运港: Tanjung Pelepas	目的港: QingDao
提单号: XMCSQFCKC00051	交付条款: CY-CY	第一程运输:	
集装箱号: mcsU0512532*1(1)	箱数: 25箱	换单日期: 2021.03.10	卸货地点: 青岛港
集装箱号 铅封号	货物名称	件数与包装	重量	体积
mcsU0512532*1(1)	螺母	25箱	1 000 KGS	26.4 m³
收货人章:	海关章: 海关放行章	检验检疫章:	船货章: 船代提货专用章
注意事项: 1. 本提货单需要有船代(船公司)放货章和海关放行章后方才有效。凡属法定检验检疫的进口商品,必须向检验检疫机构申报。 2. 货物超过港存期,码头公司可以按有关规定处理。在规定时间内无人提取的货物,按《中华人民共和国海关法》和国家有关规定处理			

图 2-2-4 提货单

海关如果在审单过程中发现问题，就将单证送查验科查验，然后决定是否放行。

步骤七：进口报检

海关通关放行后应去三检大厅办理三检，需向大厅内的代理报验机构提供箱单、发票、合同、报关单，由其代理报验。报验后，可统一在大厅内窗口交费，并在白色提货单上盖三检放行章。三检后的提货单如图 2-2-5 所示。

提 货 单			
海关编号			126009441
收货人： QingDao HongQiang Machinery Manufacturing Company Tel：0532-7946765 Fax：0532-7946765		下列货物已办妥手续，运费结清，准予交付收货人	
船名： MCS ANGLE	航次： V0928	起运港： TANJUNG PELEPAS	目的港： QINGDAO
提单号： XMCSQFCKC00051	交付条款： CY-CY	第一程运输：	
集装箱号： mcsU0512532*1（1）	箱数： 25 箱	换单日期： 2021.03.10	卸货地点： 青岛港
集装箱号 铅封号	货物名称	件数与包装	重量	体积
mcsU0512532*1（1）	螺母	25 箱	1 000 KGS	26.4 m³
收货人章：	海关章： 海关放行章	检验检疫章： 检验检疫章	船货章： 船代提货专用章
注意事项： 1. 本提货单需要有船代（船公司）放货章和海关放行章后方才有效。凡属法定检验检疫的进口商品，必须向检验检疫机构申报。 2. 货物超过港存期，码头公司可以按有关规定处理。在规定时间内无人提取的货物，按《中华人民共和国海关法》和国家有关规定处理			

图 2-2-5　三检后的提货单

步骤八：货代提货发货

广峰代理手持盖有海关放行章、检验检疫章、船代提货专用章的提货单以及设备交接单到堆场提货，提货过程中与堆场有关人员共同检查箱体有无重大残破。如有，要求港方在设备交接单上签残。

洪强制造将重箱由堆场提到场地工厂后，在免费用箱期内（2021年3月10日—2021年3月20日）及时掏箱以免产生滞箱费。

货物提清后，洪强制造从场站取回设备交接单证明箱体无残损，去船公司或船舶代理部门取回押箱费。

技能训练

资料：

（1）客户名称地址：AL.BALOUSHI TRADING EST JEDDAH。

（2）付款方式：20%T/T BEFORE SHIPMENT AND 80% D/P AT SIGHT。

（3）装运信息：指定 APL 承运，装期：2021.04.29；起运港：NINGBO；目的港：JEDDAH。

（4）价格条款：CFR JEDDAH。

（5）唛头：ROYAL 05AR225031 JEDDAH；C/N：1-460。

（6）货物描述：

P.P INJECTION CASES 14″/22″/27″/31″ 230SET@USD42.00/SET USD9660.00。

P.P INJECTION CASES 14″/19″/27″/31″ 230SET@USD41.00/SET USD9430.00。

（中文品名：注塑箱四件套）

（7）装箱资料：

箱号	货号	包装	件数	毛重（KGS）	净重（KGS）	体积
1-230	ZL0322+BC05	CTNS	230	18.5/4255	16.5/3795	34 m³
1-230	ZL0319+BC01	CTNS	230	18.5/4255	16.5/3795	34 m³

（8）合同号：05AR225031。

（9）签订日期：2021年3月30日。

（10）商业发票号：AC05AR031。

要求：根据以上资料缮制商业发票、装箱单。

（1）缮制商业发票：

长城贸易有限公司
GREAT WALL TRADING CO., LTD.
Room 201, HUASHENG BUILDING, NINGBO, P. R. CHINA
TEL: 0574-24704015　　FAX: 24691619

COMMERCIAL INVOICE

TO:　　　　　　　　　　　　　　　　　　INVOICE NO. :_____
　　　　　　　　　　　　　　　　　　　　　　INVOICE
　　　　　　　　　　　　　　　　　　　　DATE:_____
　　　　　　　　　　　　　　　　　　　　S/C NO. :_____
　　　　　　　　　　　　　　　　　　　　S/C DATE:_____

Marks and Numbers	Numbers and Kind of Package Description of Goods	Quantity	Unit Price	Amount

SAY TOTAL:　　　　　　　　　　TOTAL:

GREAT WALL TRADING CO., LTD.
李×

（2）缮制装箱单：

长城贸易有限公司
GREAT WALL TRADING CO., LTD.
Room 201, HUASHENG BUILDING, NINGBO, P. R. CHINA
TEL: 0574-24704015　　FAX: 0574-24691619

PACKING LIST

TO:　　　　　　　　　　　　　　　　　　INVOICE NO. :_____
　　　　　　　　　　　　　　　　　　　　　　INVOICE
　　　　　　　　　　　　　　　　　　　　DATE:_____
　　　　　　　　　　　　　　　　　　　　S/C NO. :_____

FROM:_____　　　　TO:_____
Letter of Credit No. :_____　　Date of Shipment:_____

Marks and Numbers	Numbers and Kind of Package Description of Goods	Quantity	Package	G. W.	N. W.	Meas

SAY TOTAL:　　　　　　　　　　TOTAL:

小故事大道理

河边的苹果

有一位老和尚，他身边聚集着一群虔诚的弟子。有一天，他嘱咐弟子每人去南山打一担柴回来。弟子们匆匆行至离山不远的河边，个个目瞪口呆。只见洪水从山上奔泻而下，无论如何也不可能渡河打柴。弟子们无功而返，有些垂头丧气。唯独一个小和尚坦然地面对老和尚。老和尚问其故，小和尚从怀中掏出一个苹果，递给他说："洪水太大了，过不了河，打不了柴，我见河边有棵苹果树，就顺手把树上唯一的一个苹果摘来了。"后来，这个小和尚成了老和尚的衣钵传人。

任务三　集装箱的交接方式

学前热身

货运代理人员常用交接术语及其英文简写

集装箱货物的交接与运输具有较高的专业技术性，在作业过程中，作业人员之间为了简化作业流程通常采用一些专业术语、简称、缩写等提高其作业效率。在集装箱货物进出口交接中，货运代理人员常用的交接术语及其英文简写如表2-3-1所示。

表2-3-1　货运代理人员常用的交接术语及其英文简写

交接术语	英文简写	交接术语	英文简写
整箱货	FCL	提货单	D/O
拼箱货	LCL	集装箱堆场	CFS
装货单	S/O	集装箱货运站	CY
收货单	M/R	门／仓库	Door
设备交接单	EIR	场站收据	D/R
集装箱装箱单	CLP	无船承运人	NVOCC
提单	B/L	已装船提单	On Board B/L
多式联运提单	MT B/L	指示提单	Order B/L
清洁提单	Clean B/L	分提单	House B/L
不清洁提单	Foul B/L	货代提单	Forwarder's B/L

项目二　走进国际货运代理

任务重难点

重点： 区分每一种货物交接方式，并根据货物性质选择货物交接地点。

难点： 选择货物的装箱方式和集装箱货物交接方式。

任务描述

（1）完成集装箱货物交接方式的配对。

（2）认识集装箱货物交接方式的特点。

知识云集

（一）集装箱货物交接方式

1. 整箱交，整箱接（FCL/FCL）

货主在工厂或仓库把装满货的整箱交给承运人，收货人在目的地同样以整箱接货。换言之，承运人以整箱为单位负责货物的交接。货物的装箱和拆箱均由货方负责。

适合情形：同一发货人、收货人，大量收货。

2. 拼箱交，拼箱接（LCL/LCL）

货主将不足整箱的小票托运货物在集装箱货运站或内陆转运站交给承运人，由承运人负责拼箱和装箱（Stuffing，Vanning）；货物运到目的地货站或内陆转运站后，由承运人负责拆箱（Unstuffing）。拆箱后，收货人凭单接货。货物的装箱和拆箱均由承运人负责。

适合情形：同一装货港和目的地，不同发货人和收货人。

3. 整箱交，拼箱接（FCL/LCL）

货主在工厂或仓库把装满货的整箱交给承运人，在目的地的集装箱货运站或内陆转运站由承运人负责拆箱后，各收货人凭单接货。

适合情形：同一发货人，同一目的港口，不同收货人。

4. 拼箱交，整箱接（LCL/FCL）

货主将不足整箱的小票托运货物在集装箱货运站或内陆转运站交给承运人，由承运人分类调整，把同一收货人的货集中拼装成整箱，运到目的地后，承运人以整箱交，收货人以整箱接。

（二）集装箱货物交接地点

（1）门到门（Door to Door）：从发货人工厂或仓库至收货人工厂或仓库（图2-3-1）。

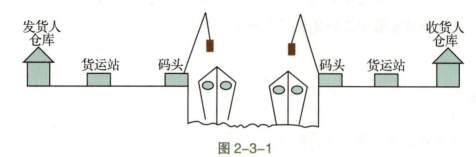

图 2-3-1

（2）门到场（Door to CY）：从发货人工厂或仓库至目的地或卸箱港的集装箱堆场。

（3）门到站（Door to CFS）：从发货人工厂或仓库至目的地或卸箱港的集装箱货运站。

（4）场到门（CY to Door）：从起运地或装箱港的集装箱堆场至收货人工厂或仓库。

（5）场到场（CY to CY）：从起运地或装箱港的堆场至目的地或卸箱港的集装箱堆场。

（6）场到站（CY to CFS）：从起运地或装箱港的集装箱堆场至目的地或卸箱港的集装箱货运站。

（7）站到门（CFS to Door）：从起运地或装箱港的集装箱货运站至收货人工厂或仓库。

（8）站到场（CFS to CY）：从起运地或装箱港的集装箱货运站至目的地或卸箱港的集装箱堆场。

（9）站到站（CFS to CFS）：从起运地或装箱港的集装箱货运站至目的地或卸箱港的集装箱货运站。

任务实施

步骤一：明确任务
教师给学生讲解任务要求，并根据实际情况对学生进行分组。

步骤二：集装箱货物交接
学生设计一个模拟情境，并进行角色扮演，模拟完成集装箱运输的货物交接工作，并做好记录，有问题及时提出。

步骤三：小组讨论
完成步骤二后，学生以小组为单位讨论集装箱货物交接方式。

步骤四：成果展示

小组讨论后，选出一名成员介绍如何选择集装箱货物交接方式。教师对各组存在的不足进行指正，并做出点评。

技能训练

模拟情境设计：

在学习集装箱货物交接方式的基础上，由学生分组扮演不同的角色，模拟完成集装箱运输的交接工作。首先要求学生根据运输的实际情况设计一个模拟情境，然后将这个模拟情境展示给教师及同学们。

模拟情境中涉及的货物及其交接地点等相关信息都由学生自己设计。

小故事大道理

曲突徙薪

有个人到别人家里做客，看见主人家的烟囱是直的，旁边还有很多木材。于是他告诉主人，烟囱要改曲，木材须移去，否则将来可能失火。主人听了没有任何表示。

不久，主人家里果然失火了，邻居们赶紧跑来救火，最后火被扑灭了。主人烹羊宰牛，宴请四邻，以酬谢他们救火的功劳，但并没有请当初建议他将烟囱改曲、木材移走的人。

有人对主人说："如果你当初听了那位客人的话，今天就不用准备筵席了，也就没有火灾的损失了。现在你论功行赏，原先给你建议的人没有被感恩，而救火的人却是座上客，真是件很奇怪的事！"主人顿时醒悟，赶紧去邀请当初给予他建议的那位客人来吃酒。

项目三

集装箱货物的出口业务（一）

任务一 揽 货

学前热身

集装箱"出口直装"作业模式落地厦门 首次应用就创下纪录

一个外贸出口集装箱从进场到装船，最快多长时间？2020年7月，厦门港海天码头首次应用"出口直装"作业模式，给出一个创纪录的答案：43分钟。

一般来说，出口集装箱要提前一两天抵达码头，以便进行后续流程操作。"但是，客户向我们申请，因受货物生产周期影响，他们的一个出口集装箱需延迟到船舶靠泊后进场，希望能按期装船出运。"厦门集装箱码头集团有限公司海天分公司相关负责人介绍。也就是说，这个集装箱要当天进场，马上装船，当天离港，这对码头的作业服务效率提出了挑战。

厦门港海天码头决定一试——经过近几年的智慧港口建设，厦门港已制定了国际贸易"单一窗口"、集装箱智慧物流平台等一系列提质增效创新举措，码头已实现提前报关、运抵报告自动发送、码头自动校验放行等电子流程。"公司上下各部门都充满信心，希望借此开创全新的'出口直装'作业模式，打造一项便利服务纪录。"相关负责人说。

在精心准备下，"出口直装"作业模式正式启动：当日13时59分，拖车运载集装箱抵达码头，7分钟后，系统完成海关放行比对，船舶配载系统同步完成装船计划；14时16分，码头控制中心发出装船指令，现场人员引导集装箱拖车至岸边桥吊下；14时42分，桥吊将该集装箱缓缓吊上高丽海运仁川线船舶 Sunny Rose（阳光玫瑰）轮。至此，从进场到装船，仅用时 43 分钟。

"出口直装"作业模式的落地不仅展示了厦门港在智慧港口建设上所取得的成绩，更用实际案例展现了厦门港所具备的国际一流营商环境。相关负责人表示，接下来，厦门港将持续推动智慧港口建设，为产业挖潜赋能，确保产业链、物流链高效运行。

任务重难点

重点：揽货接单的业务流程。

难点：准确填制揽货接单涉及的所有单证，并完成揽货接单的业务操作。

任务描述

2021 年 5 月 1 日，青岛伟宏机械制造公司出口马来西亚 Hayu Malaysia Apparatus Pte Ltd. 一批机械螺母（型号为 M12L24），双方签订了贸易合同，成交方式为 FOB，结算方式为信用证，运输方式为海运集装箱。

青岛伟宏机械制造公司需要寻找一家专业的国际货运代理公司代为完成集装箱出口业务的相关操作，作为青岛欣欣国际货运代理有限公司的业务员，接到该公司的询价后，如何进行接单和揽货作业？

知识云集

（一）揽货的概念

揽货，即招揽货源，也称为揽载，是指国际货运代理企业通过一定的营销手段争取对货物的承运权，以期获得最好的经营效益的行为。

（二）集装箱出口业务的揽货作业

（1）收集信息。操作员需要定期收集各个船公司的船期及运价表，将搜集的信息进行汇总，用于业务的报价和船期航线的查询。

船期及运价表的主要内容包括中转港，航线，船公司，截数据（AMS/ISF/ENS）时间，船到港时间，开船时间，报关截止时间，航程，20 尺、40 尺、40H、45 尺集装箱的海运费，船期表的有效时间。集装箱运输具有速度快、装卸效率高、码头作业基本不受天气影响等优点，所以集装箱的船期表较为精确。

（2）接受询价。当客户向货代公司询价时，操作员必须核实相关运价、运输条款、船期，在确定有能力接受委托的情况下，如实告知客户完成此次委托所需要的时间和船期，并按照公司对外的报价向客户报价。

（3）接受委托。在客户接受报价并下达委托的情况下，操作员有责任向客户提供该公司空白的集装箱货物托运单，也可以接收客户自己的托运单，同时要求客户在托运单上签字、盖章（境外客户、托运私人物品的非贸易订舱者签字即可）。客户如不能及时提供内容详细的托运单，则必须在装船前补齐，否则由此产生的费用自行承担。

（4）接受客户的委托后，操作员需要详细填写业务联系单，在通知客服人员订舱的同时向其提供客户的订舱资料。

任务实施

步骤一：业务员收集船期及运价信息

由于船期和运价在一段时间之后可能发生一定的变化，业务员需要随时收集这些信息，掌握船舶的动态，以便能够正确地与客户进行洽谈。

业务员收集信息的渠道主要有船公司官网、船公司销售报价、专业订舱网站、同行代理报价等。操作员登录相应的网站，输入起始港口和终到港口，即可查询到相应的船期及运价，具体如图3-1-1所示。

图3-1-1 具体船期及运价信息

业务员在了解这些信息后，在接到客户的询价时，可以准确及时地向客户报价。

步骤二：接受询价

业务员根据客户的运输要求以及各个承运人（船公司）的航线优势，结合本公司主推的航线和船公司，选择承运人，并与客户就选择的承运人进行沟通。

货代公司的业务员将几家船公司的报价和船期表进行比对。价格比对不仅包括海运费，还有各类杂费，因此要确定所报价格的组成，以免日后造成误解。根据客户要求的价格和船期，大部分船公司都是满足要求的。在运输旺季，一些船公司的舱位已经订满，业务员经过再三考虑，最终向客户推荐 MAERSK，船期为 2021 年 5 月 13 日。

步骤三：接受委托

客户接受货代公司的报价，将出口订舱、报关报检、投保等相关业务交由该公司代为办理，并将相关的资料（销售合同、发票、装箱单、订舱委托书等）一并发给业务员。

业务员收到客户寄来的订舱委托书（图 3-1-2）之后，需要对其内容进行一一审核。

订舱委托书			
2021 年 5 月 2 日			
托运人	QINGDAO WEIHONG MACHINERY MANUFACTURING COMPANY RM 17H-I NO.720 HUANG DAO AVENUE, QINGDAO, CHINA	合同号	HXMY130306
^	^	发票号	JY08058
^	^	信用证号	HZ4673890
^	^	运输方式	BY SEA
收货人	HAYU MALAYSIA APPARATUS PTE LTD. 518 MADISON STREET SEATTLE, BASHENG 98188 MAlAYSIA	启运港	QINGDAO
^	^	目的港	PORT KELANG
^	^	装运期	MAY 13, 2021
通知人	HAYU MALAYSIA APPARATUS PTE LTD. 518 MADISON STREET SEATTLE, BASHENG 98188 MAlAYSIA	可否转运	NO
^	^	可否分批	NO
^	^	运费支付方式	PREPAID
^	^	正本提单	THREE
唛头	货名	包装件数	总毛重	总体积
N/M	Machine nut	900CTNS	7 920 KGS	54.0 m³

图 3-1-2　订舱委托书

注意事项	1. 请订 2021 年 5 月 13 日船期，1×40GP FCL，门到门。 2. 提单上要显示以下内容： （1）L/C NO.：HZ4673890 （2）L/C DATE：MAR 15，2021 （3）ISSUING BANK： 3. SHORT FORM/CHARTER PARTY/THIRD PARTY BILL OF LADING IS NOT ACCEPTABLE. 4. 仓库地址：青岛市黄岛北路 908 号青岛伟宏机械制造厂。 联系人：周海 电　话：0532-5398706			
受托人				委托人
青岛欣欣国际货运代理有限公司				青岛伟宏机械制造公司
电话	0532-55886936	传真	0532-55886789	电话	0532-56739177	传真	0532-56739178
联系人	王斌 ||| 联系人	郭静		

图 3-1-2　订舱委托书（续）

具体的审核内容和要求如下：

（1）订舱人：必须能正确地辨析订舱单位及其操作员或业务员。订舱委托书一般需有订舱单位业务章，对于新客户应收集其详细信息并通知我司相关人员及时将其输入操作系统，同时要求其提供营业执照传真件，由行政人员审核其营业资质，由副总经理签字后才可接受委托。对于紧急的订单，可以接受订舱，但需当天把手续补上。

（2）起运港（Port of Loading）：实际装运港口。

（3）卸货港（Port of Discharge）：集装箱的卸货地点，即我司整箱到达的港口。

（4）交货地点（Port of Delivery）：只能为我司确定可以承接的目的地，若不是，须明确告知客户我司不能承接（更不能发进仓单）。在我司可以承接的目的地的基础上加前后缀的，须判断是否与我司可承接的目的地为同一地点，若非同一地点，按不能承接处理。若无法判定，务必在船公司/代理确认可以承接后方可承接。

（5）件数/毛重/体积（PKG/G.W./VOLUMN）：一般单件货物毛重不能超过 2 500 KGS，单件货物高度不能超过 2 m，单件货物长度不能超过 5 m，整票货物不能超过 10 000 KGS。不符合上述条件的货物，务必再与代理/仓库/主管确认是否可以承接，代理有特殊要求的以代理要求为准；运往美国/加拿大/澳大利亚/新西兰/欧盟的货物，若为木制包装，一般需做熏蒸。

（6）货名（Description of Good）：初步判断是否属于危险品/半危险品/打火机及其附属物。若是，则不能承接；电池只接受干电池，且需客户保函；液体货物不能承接。客户托单上一般需注明中文货名。如果是桶装的非液体货物，一律需要非液体保函。

（7）唛头（Shipping Mark）：指货物区别于其他货物的标志，仓库依据此标志分货/装箱/放货。一般不接受N/M（没有唛头）的货物，且要求托单上提供真实的唛头。

（8）截关日/离港日（所配船期）（Cut off Date/Sailing Date）：截关日是指海关/船公司准许申报的最后日期，离港日是指船离开启运港的日期。我们通常所说的船期是指客户需配哪一天截关的船，我们根据客户所提供的时间安排最接近的船期，对于不能确认的务必在与客户确认后安排，我司系统内的离港日均指实际离港日。

（9）运输条款（Transport Clause）：一般显示为CFS-CFS或LCL-LCL。若显示为CFS-DOOR/DOOR-CFS/DOOR-DOOR，DOOR-CY，务必在收到托单后的最短时间内确认客户是否以上述运输方式出运，并书面确认由此产生的相关费用。

（10）运价（Sell Rate）：托单上务必显示运价，到付需我司加收运价的，须在托单上注明，加收金额应合理、正常；对于明显不合理的，应提醒客户调整，必要时可拒绝接受。

延迟航次货物的托单要求：若客户要求延迟航次出运，务必要求其重新传托单，我司据新托单配船。

技能训练

制单题：

2021年9月10日，青岛礼品进出口贸易公司与德国师莱特有限公司经过友好协商，签订了一份出口圣诞树的合同。合同约定青岛礼品进出口贸易公司将于2021年11月30日将货物海运出口运输到德国汉堡港。根据惯例，该批货物将从青岛港起运。青岛欣欣国际货运代理有限公司是青岛礼品进出口贸易公司的进出口货运代理，两家公司有着长期的友好合作关系，青岛礼品进出口贸易公司准备委托青岛欣欣国际货运代理有限公司全权负责该批货物的出口订舱。请同学们根据给出的相关信息和销售合同填写下面空白的订舱委托书。

货物的基本信息如下：

货物名称：圣诞树；包装件数：1 000件；重量：20 000 KGS；体积：1 000 m³；联系地址：青岛市黄岛区新宁路180号；联系人：李明；联系电话：0532-59621790。

国际货运代理

销售合同
SALES CONTRACT

卖方 SELLER	QINGDAO LIPIN IMPORT AND EXPORT TRADING COMANY XIN NING ROAD HUANGDAO DISTRICT, QINGDAO,CHINA TEL: 0532-59621790 FAX: 0532-59321798	编号 NO.	QQ2021-US910
		日期 DATE	SEP 10, 2021
		地点 SIGNED IN	QINGDAO, CHINA
买方 BUYER	GERMANY SHILAITE CO.,LTD 622 WALL STREET, BERLIN		

买卖双方同意以下条款，达成交易：

This contract is made by and agreed between the Buyer and Seller, in accordance with the terms and conditions stipulated below.

1. 品名及规格 Commodity & Specification	2. 数量 Quantity	3. 单价及价格条款 Unit Price & Trade Terms	4. 金额 Amount
ABOUT 1 000 CHRISTMAS TREES. G.W. 20 000 KGS 8 PCS PER CARTON. USD 60.00 PER PIECE. MEIMEI BRAND.	1 000 PCS	USD 60.00 CFR DAMMAM PORT,SAUDI ARABIA	USD60 000.00
Total	207 CARTONS		USD60 000.00

允许 With		溢短装由卖方决定 More or less of shipment allowed at the sellers' option
5. 总值 Total Value		USD SIXTY THOUSAND
6. 包装 Packing		
7. 唛头 Shipping Marks		LIPIN BRAND PERLIN NO.1-207
8. 装运期及运输方式 Time of Shipment & Means of Transportation		Not Later Than NOV 01, 2021 BY VESSEL
9. 装运港及目的地 Port of Loading & Destination		From : QINGDAO PORT, CHINA To: Hamburg PORT, GERMANY
10. 保险 Insurance		To be covered by the buyer.
11. 付款方式 Terms of Payment		The Buyer shall open through a bank acceptable to the Seller an Irrevocable Letter of Credit payable at sight of reach the seller 30 days before the month of shipment, valid for negotiation in China until the 15th day after the date of shipment.
12. 备注 Remarks		

The Buyer	The Seller
GERMANY SHILAITE CO.,LTD	QINGDAO LIPIN IMPORT AND EXPORT TRADING COMANY
（signature）	（signature）

项目三 集装箱货物的出口业务（一）

订舱委托书				
年　月　日				
托运人			合同号	
			发票号	
			信用证号	
			运输方式	
收货人			启运港	
			目的港	
			装运期	
通知人			可否转运	
			可否分批	
			运费支付方式	
			正本提单	
唛头	货名	包装件数	总毛重	总体积
注意事项				
受托人		委托人		
电话	传真	电话		传真
联系人		联系人		

小故事大道理

抉择

　　一个农民从洪水中救出了他的妻子，他的孩子却被淹死了。

　　事后，人们议论纷纷。有的说他做得对，因为孩子可以再生一个，妻子却不能死而复生；有的说他做错了，因为妻子可以另娶一个，孩子却不能死而复生。

45

我听了人们的议论，也感到很困惑：如果只能救一人，那么究竟应该救妻子，还是应该救孩子呢？

于是我去拜访那个农民，问他当时是怎么想的。

他答道："我什么也没想。洪水袭来，妻子在我身边，我抓住她就往附近的山坡游。当我返回时，孩子已经被洪水冲走了。"

在回去的路上，我琢磨着农民的话，心想：如果当时他稍有迟疑，可能一个都救不了。所谓人生的抉择，便是如此。

任务二　租船订舱

学前热身

思科公司出口一批服装，采用集装箱班轮运输。在落实信用证及备货时，思科公司即向上海各家货运代理公司询价，最终决定委托上海凯通国际货运有限公司（以下简称上海凯通）代为订舱，以便及时履行合同及信用证项下的交货和交单义务。

2021年3月9日，这批服装全部生产、包装完毕，工厂制作装箱，将装箱单传真给思科公司。思科公司根据工厂传来的装箱单，结合合同及信用证对货物的明细描述，开具出仓通知单。单证储运部门根据出仓通知单、工厂编制的装箱单、信用证统一缮制全套出运单据。出运单据包括出口货物明细单、出口货物报关单、商业发票、装箱单。

单证储运部门先将出口货物明细单传真给上海凯通，以便其配船订舱，确认配船及其费用后，准备全套报关单据［出口货物明细单、报关委托书、出口货物报关单、商业发票、装箱单、出口收汇核销单、输加拿大纺织品出口许可证（海关联）］并将其寄到上海凯通用于报关、出运，同时准备普惠制产地证用于出运后寄给客户做进口清关。

上海凯通在确认配船及其费用后，将送货通知单传真给思科公司，要求思科公司在2021年3月16日中午前将货物运至指定仓库。

任务重难点

重点： 租船订舱的基本操作流程及相关理论知识。

难点： 准确填制租船订舱涉及的相关单证，并完成租船订舱的业务操作。

项目三　集装箱货物的出口业务（一）

任务描述

青岛明远货运代理有限公司（以下简称明远代理）是一家中等级别且服务质量较高的货代公司。青岛琪琪服饰贸易有限公司（以下简称琪琪服饰）是一家专门从事进出口服装和饰品贸易的公司，其生产加工的服饰远销欧美国家。2021年6月2日，明远代理接到琪琪服饰的委托，为其代理出口一批女士晚礼服到美国纽约。2021年4月，琪琪服饰与进口商美国纽约SUNSHINE服装有限公司签订销售合同，合同编号为QQ2021-US096。双方约定：成交货量为装满一个集装箱的共1888件礼服，每8件装一个包装箱，共有236箱；毛重为3 990 KGS，净重为3 776 KGS；起运港为青岛港，目的港为美国纽约港；交易单价为USD260.00/件，总金额为USD490 880.00；总尺码为31.86 m^3；不允许转船和分批运输，并于2021年6月18日装船；到堆场提箱；运费按照市场价格结算。

现琪琪服饰委托明远代理租船订舱，完成这批礼服的运输。

附加信息：

青岛琪琪服饰贸易有限公司（QINGDAO QIQI GARMENTS TRADING CO.，LTD）

地址：青岛市市北区新宁路58号（58 XINNING ROAD，SHIBEI DISTRICT，QINGDAO，CHINA）

电话：0532-59621790；传真：0532-59321798

美国纽约SUNSHINE服装有限公司（NEW YORK SUNSHINE DRESS CO.，LTD）

地址：美国纽约曼哈顿华尔街622号（622 WALL STREET，NEW YORK，AMERICA）

知识云集

（一）租船运输概述

租船运输是指租船人向船东租赁船舶用于货物运输，适用于大宗货物运输，关于港口和航线、运输货物种类、航行时间以及双方的权利义务均以双方签订的租船合同为主。

租船运输是相对于海上班轮运输的另一种运输方式，没有固定的船舶班期，无固定航线和挂靠港，而是按照货源的要求和货主对货物的要求，安排航行计划，组织货物运输。

（二）租船运输的基本特点

（1）租船运输是根据租船合同组织的，租船合同条款由船东和租方共同商定。

（2）一般由船东与租方通过各自或共同的租船经纪人洽谈租船业务。

（3）不定航线，不定船期。船东按照租船人的要求来确定船舶的航线、航行时间和载货种类等，提供相应的船舶，经租船人同意进行调度安排。

（4）租金率或运费率根据租船市场行情而定。

（5）船舶营运中有关费用的支出取决于不同的租船方式，由船东和租方分担，并在合同条款中注明。例如，装卸费用条款 FIO 表示租船人承担装卸费；若写明 Liner Term，则表示船东承担装卸费。

（6）租船运输适宜大宗货物运输。

（7）各种租船合同均有相应的标准格式。

（三）租船方式

租船方式主要有定程租船和定期租船两种。

定程租船，又称程租船，是以航程为基础的租船方式。船方必须按租船合同规定的航程完成货物运输任务，并负责船舶的运营管理及其在航行中的各项费用开支。定程租船的运费一般按货物装运数量计算，也有按航次包租金额计算的。

定期租船，又称期租船，是按一定时间租用船舶进行运输的方式。船方应在合同规定的租赁期内提供适航的船舶，并负担保持适航的有关费用。租船人在此期间尚可在规定航区内自租船。

任务实施

步骤一：海运接单

琪琪服饰要出运晚礼服，首先需要选择合适的货运代理公司并委托其租船订舱，这里选择明远代理。明远代理根据货物运输的航程、航期、货物属性、目的港等选择最优航线和船公司。琪琪服饰与明远代理双方对租船订舱的信息进行及时沟通，保证租船订舱任务的顺利进行。

步骤二：填写订舱委托书

琪琪服饰在制作订舱委托书和办理订舱之前，向明远代理提交有关本次交易的全套单据（销售合同、商业发票、装箱单）及实际货物装运信息，并填写订舱委托书。

项目三 集装箱货物的出口业务（一）

1. 销售合同（图 3-2-1）

销售合同 SALES CONTRACT				
卖方 SELLER	QINGDAO QIQI GARMENTS TRADING CO.,LTD 58 XINNING ROAD, SHIBEI DISTRICT, QINGDAO, CHINA TEL: 0532-59621790 FAX: 0532-59321798		编号 NO.	QQ2021-US096
^^	^^		日期 DATE	APR 8, 2021
^^	^^		地点 SIGNED IN	QINGDAO, CHINA
买方 BUYER	NEW YORK SUNSHINE DRESS CO.,LTD 622 WALL STREET, NEW YORK			
买卖双方同意以下条款，达成交易: This contract is made by and agreed between the Buyer and Seller, in accordance with the terms and conditions stipulated below.				
1. 品名及规格 Commodity & Specification		2. 数量 Quantity	3. 单价及价格条款 Unit Price & Trade Terms	4. 金额 Amount
ABOUT 1 000 CHRISTMAS TREES. G.W. 20 000 KGS 8 PCS PER CARTON. USD 60.00 PER PIECE. MEIMEI BRAND.		1 888 PCS	USD 60.00 CFR DAMMAM PORT,SAUDI ARABIA	USD60 000.00
	Total	207 CARTONS		USD60 000.00
允许 With	溢短装由卖方决定 More or less of shipment allowed at the sellers' option			
5. 总值 Total Value	USD SIXTY THOUSAND			
6. 包装 Packing				
7. 唛头 Shipping Marks	LIPIN BRAND PERLIN NO.1-207			
8. 装运期及运输方式 Time of Shipment & Means of Transportation	Not Later Than NOV 01, 2013 BY VESSEL			
9. 装运港及目的地 Port of Loading & Destination	From: QINGDAO PORT, CHINA To: NEW YORK PORT, AMERICA			
10. 保险 Insurance	To be covered by the buyer.			
11. 付款方式 Terms of Payment	The Buyer shall open through a bank acceptable to the Seller an Irrevocable Letter of Credit payable at sight of reach the seller 30 days before the month of shipment, valid for negotiation in China until the 15th day after the date of shipment.			
12. 备注 Remarks				
The Buyer			The Seller	
NEW YORK SUNSHINE DRESS CO.,LTD			QINGDAO QIQI GARMENTS TRADING CO.,LTD	
（signature）			（signature）	

图 3-2-1 销售合同

2. 商业发票（图3-2-2）

QINGDAO QIQI GARMENTS CO., LTD
58 XINNING ROAD, SHIBEI DISTRICT, QINGDAO, CHINA
TEL: 0532-59621790   FAX: 0532-59321798

COMMERCIAL INVOICE

To	NEW YORK SUNSHINE DRESS CO.,LTD 622 WALL STREET, NEW YORK, AMERICA		Invoice No.	QIQI20210618
			Invoice Date	JUN 18, 2021
			S/C No.	QQ2021-US096
			S/C Date	APR 8, 2021
From	QINGDAO PORT, CHINA	To	NEW YORK PORT, AMERICA	
Letter of Credit No.	0183620610038457	Issued by	QINGDAO QIQI GARMENTS CO.,LTD	

Marks and Numbers	Number and kind of package description of goods	Quantity	Unit Price	Amount
QIQI BRAND NEW YORK NO.1-207	236 CARTONS LADY EVENING DRESS. G.W. 3 990KGS 8 PIECES PER CARTON. USD260.00 PER PIECE. ROSE BRAND.	236 CARTONS	USD2 080.00	USD490 880.00
	TOTAL	236 CARTONS	USD2080.00	USD490880.00
SAY TOTAL	USD FORTY-THREE THOUSAND FIVE HUNDRED AND SIXTY ONLY.			
				QINGDAO QIQI GARMENTS CO.,LTD

图3-2-2　商业发票

3. 装箱单（图3-2-3）

QINGDAO QIQI GARMENTS CO., LTD

58 XINNING ROAD, SHIBEI DISTRICT, QINGDAO, CHINA

TEL：0532-59621790　FAX：0532-59321798

PACKING LIST

To	NEW YORK SUNSHINE DRESS CO.,LTD 622 WALL STREET, NEW YORK, AMERICA		Invoice No.	QIQI20210618
^^	^^		Invoice Date	JUN 18, 2021
^^	^^		S/C No.	QQ2021-US096
^^	^^		S/C Date	APR 8, 2021
From	QINGDAO PORT, CHINA		To	NEW YORK PORT, AMERICA
Letter of Credit No.	0183620610038457		Date of Shipment	JUN 18, 2021

Marks and Numbers	Number and kind of package Description of goods	Quantity	Package	G.W.	N.W.	Meas.
QIQI BRAND NEW YORK NO.1-207	CARTONS LADY EVENING DRESS SHIPPED IN 1×20'FCL	236 CARTONS	36 CARTONS	3 990 KGS	3 776 KGS	31.86 m³
	TOTAL	236 CARTONS	236 CARTONS	3 990 KGS	3 776 KGS	31.86 m³
SAY TOTAL	TWO HUNDRED AND SEVEN CARTONS ONLY.						

QINGDAO QIQI GARMENTS CO.,LTD

(MANUALLY SIGNED)

图3-2-3　装箱单

4. 实际货物装运信息

（1）PACKING：236CARTONS

（2）SIZE OF CARTON：20cm×25cm×30cm

（3）INVOICE NO：QIQI20210618；INVOICE DATE：JUN 18，2021

（4）SHIPPING MARKS：

　　ROSE BRAND

　　178/2005

　　RIYADH

（5）FREIGHT：USD12000.00

（6）SHIPPED IN 1×20′GP

（7）DATE OF SHIPMENT：JUN 18，2021

琪琪服饰根据以上信息完成订舱委托书（图3-2-4）。

订舱委托书

公司编号						日期	2021.06
（1）发货人				（4）信用证号码			
青岛琪琪服饰贸易有限公司 青岛市市北区新宁路58号				（5）开证银行			
				（6）合同号码	QQ2021-US096	（7）成交金额	USD490 880.00
				（8）装运口岸	青岛港	（9）目的港	纽约港
（2）收货人				（10）转船运输	NO	（11）分批装运	NO
美国纽约SUNSHINE服装有限公司 美国纽约曼哈顿华尔街622号				（12）信用证有效期		（13）装船期限	2021年6月18日
				（14）运费	USD3225.00	（15）成交条件	
				（16）公司联系人	×××	（17）电话/传真	×××
（3）通知人				（18）公司开户行		（19）银行账号	
				（20）特别要求			
（21）标记唛码	（22）货号规格	（23）包装件数	（24）毛重	（25）净重	（26）数量	（27）单价	（28）总价
	（29）总件数	（30）总毛重		（31）总净重	（32）总尺码		（33）总金额
	236CTNS	3 990 KGS		3 776 KGS	31.86CBM		USD490880.00
（34）备注							

图3-2-4　订舱委托书

步骤三：接受委托

琪琪服饰将填写完成的订舱委托书以电子版的形式传给明远代理委托其租船订舱，并随附销售确认书、发票、箱单等单据复印件。明远代理针对其订舱要求，装一个20英尺普通集装箱，装船日期为2021年6月18日，向中国外轮代理公司青岛分公司申请订舱，保证货物的正常运输。

明远代理将运费修改之后，重新制作了一份集装箱货物托单给中国外轮代理公司青岛分公司租船订舱。集装箱货物托运单如图3-2-5所示，明远代理留下第一联，将其余九联送船代订舱。

项目三 集装箱货物的出口业务（一）

D/R 编号（舱位号）		
SHIPPER QINGDAO QIQI GARMENTS CO., LTD 58 XINNING ROAD, SHIBEI DISTRICT, QINGDAO, CHINA TEL：0532-59621790 FAX：0532-59321798	货主留底	第一联
CONGSIGNEE（收货人） TO ORDER		
NOTIFY PARTY（通知人） NEW YORK SUNSHINE DRESS CO., LTD 622 WALL STREET, NEW YORK	订舱要求： 1. 运费：根据约定，运费共 USD3 200.00。 2. 请配6月18日开船到纽约的1个20英尺普集装箱。 3. 提前三天在堆场提箱	

PRE-CARRIAGE （前程运输）	PLACE OF RECEIPT （收货地点）	
OCEAN VESSEL VOY.NO. （船名或航次）	Port of loading（装货港） QINGDAO	
Port of discharge（卸货港） NEW YORK	Place of deliver （交货地点）	Final destination for the merchant's reference（目的） NEW YORK SUNSHINE DRESS CO., LTD

Container No. （集装箱号）	Seal No & Marks and No.s （封志号 & 唛头和号码） N/M	No.of containers or PKGS（箱数或件数） 236 Cartons	Kind of package（包装种类） Carton packaging	Gross weight（毛重） 3 990 KGS	Measurement（总尺码） 31.86 m³

Total number of containers or packages：SAY TWO HUNDRED AND SEVEN CARTONS ONLY
（集装箱数和件数合计大写）

Service type on receiving -CY -CFS -DOOR	Service type on delivery -CY -CFS -DOOR	Reefer temperature required 冷藏温度		
TYPE OF GOOD	-ORDINARY - REEFER -DANGEROUS - AUTO	危险品	CLASS PROPERTY	
	-LIQUID -LIVE ANIMAL - BLUK -		IMDG CODE PARG：UN NO.	

Freight&charges	Prepaid at（预付地点）：QINGDAO
	Total prepaid（预付总额）：
	NO.of Original B/L（正本提单份数）：

可否转船：NO	可否分批：NO
装船装期：2021年06月18日	效期：

金额：USD3 200.00

制单日期：2021年06月2日

图 3-2-5 集装箱货物托运单

步骤四：订舱确认

中国外轮代理公司青岛分公司接受了明远代理的订舱委托之后，查看航期、航线、货品等相关信息，完成订舱确认。船代接受场站收据第二至十联，经编号后自留第二联、第三联、第四联，并在第五联关单和第九联配舱回单上盖章确认订舱，然后退回明远代理第五至十联，通知其舱位已经成功订妥。

盖章确认的配舱回单如图 3-2-6 所示。

D/R 编号（舱位号）SP/DUM/BEL-01					
SHIPPER QINGDAO QIQI GARMENTS CO., LTD 58XINNING ROAD, SHIBEI DISTRICT, QINGDAO, CHINA TEL: 0532-59621790 FAX: 0532-59321798			配舱回单		第九联
CONGSIGNEE TO ORDER					
NOTIFY PARTY NEW YORK SUNSHINE DRESS CO., LTD 622 WALL STREET, NEW YORK, AMERICA					
PRE-CARRIAGE	PLACE OF RECEIPT				
OCEAN VESSEL VOY.NO. CSCL LE HAVRE V.0003W	Port of loading（装货港） QINGDAO				
Port of discharge（卸货港） NEW YORK	Place of deliver （交货地点）		Final destination for the merchant's reference（目的地） NEW YORK SUNSHINE DRESS CO., LTD		
Container No. （集装箱号）	Seal No & Marks and No. s （封志号 & 唛头和号码） N/M	No.of containers or PKGS（箱数或件数） 236 Cartons	Kind of package（包装种类） Carton packaging	Gross weight（毛重） 3 990 KGS	Measurement（总尺码） 31.86 m³
Total number of containers or packages: SAY TWO HUNDRED AND SEVEN CARTONS ONLY（集装箱数和件数合计大写） 装船日期：2021 年 06 月 18 日					
Service type on receiving -CY -CFS -DOOR		Service type on Delivery -CY -CFS -DOOR		Reefer temperature required 冷藏温度	
TYPE OF GOOD	-ORDINARY -REEFER -DANGEROUS -AUTO			危险品	CLASS PROPERTY
	-LIQUID -LIVE ANIMAL -BLUK -				IMDG CODE PARG: UN NO.
Freight&charges	Prepaid at（预付地点）：QINGDAO				
	Total prepaid（预付总额）：				
	NO.of Original B/L（正本提单份数）：				
可否转船：NO			可否分批：NO		
制单日期：2021 年 06 月 2 日					船代签单章

图 3-2-6 盖章确认的配舱回单

项目三 集装箱货物的出口业务（一）

技能训练

2021年4月15日，香港水泥建材有限公司（以下简称香港建材）与西非安哥拉卢建材厂（以下简称西非建材）签订了一份出口水泥的销售合同，目的港为安达港（LUANDA）。2021年6月15日，香港建材委托香港崇斌货运代理有限公司（以下简称崇斌货运）代理出口这批水泥。由于水泥独有的特性，运输方式为租船运输。于是崇斌货运向船东或船代申请租船出口，顺利完成该批货物的运输。

有关补充资料如下：

出口商品：袋装水泥

商品总重：400.0万吨

转运港：香港港口（HONG KONG PORT）

目的港：安达港（LUANDA PORT）

香港水泥建材有限公司：HONG KONG CEMENT BUILDING MATERIALS CO., LTD

西非安哥拉卢建材厂：WEST AFRICAN ANGOLA LOU BUILDING MATERIALS FACTORY

香港崇斌货运代理有限公司：HONG KONG CHUNG BIN FREIGHT CO., LTD

请同学们扮演不同的角色，完成该批货物的租船订舱运输业务，并完成相关单证的填制。

小故事大道理

一根鱼竿和一篓鱼

从前，有两个饥饿的人得到了一位长者的恩赐：一根鱼竿和一篓鲜活的鱼。其中，一个人要了一篓鱼，另一个人要了一根鱼竿，之后他们就分道扬镳了。得到鱼的人原地就用干柴点着篝火煮起了鱼，他狼吞虎咽，还没有品出鱼的鲜香就连鱼带汤吃了个精光。不久，他便饿死在空空的鱼篓旁了。另一个人则继续忍着饥饿，提着鱼竿一步步艰难地向海边走去，可当他已经看到不远处那片蔚蓝色的海洋时却一点力气也没有了，也只能眼巴巴地带着无尽的遗憾撒手人寰。

又有两个饥饿的人，他们同样得到了长者恩赐的一根鱼竿和一篓鱼。只是他们并没有各奔东西，而是商定共同去找寻大海。他俩每次只煮一条鱼，经过长途跋涉来到了海边，从此，两人开始了以捕鱼为生的日子。几年后，他们盖起了房子，有了各自的家庭、子女，有了自己制造的渔船，过上了幸福安康的生活。

一个人只顾眼前的利益，得到的终将是短暂的欢愉；一个人目标高远，但也要面对现实的生活。

国际货运代理

任务三 装 箱

学前热身

集装箱海运货损案例

××××年10月，燕丰进出口公司出口7.26万千克带壳花生，自天津新港海运至波兰格丁尼亚港。该批货物装载在承运人提供的5个40英尺的集装箱内，深圳蛇口大洋海运有限公司代承运人法国达飞轮船有限公司签发了清洁提单。燕丰进出口公司为该批货物投保了一切险和战争险。该批货物于同年11月30日在德国的汉堡港转船，实际承运人Teamlins签发了集装箱有缺陷的不清洁提单，当货物运达目的地，进行抽样检查时，发现花生有霉变气味，霉变主要在花生壳上。这批花生被认为不适合人类消费和买卖，无奈之下燕丰进出口公司只能委托达飞轮船有限公司将货物运回天津港销毁。

任务重难点

重点： 堆场装箱的业务流程及装箱操作的原则、技巧和注意事项。

难点： 准确填制堆场装箱所涉及的单证，并完成堆场装箱的业务操作。

任务描述

琪琪服饰委托明远代理租船订舱，双方在签订委托协议时，要求由明远集团负责租船订舱，订舱成功之后，由明远代理出具送货通知单通知具体的装箱时间，琪琪服饰将生产加工完成的服装送到明远代理指定的装箱地点，完成集装箱的提空和货物的装箱作业。送货通知如图3-3-1所示。

项目三　集装箱货物的出口业务（一）

送货通知

DATE：MAR 14，2021

<u>青岛琪琪服饰有限公司</u>：

贵公司如下货物已在我公司订舱：

数　量：1*20′GP

船名、航次：COCO DONGFANG 102e

提单号：COCO-CK62912356

卸货港：NEW YORK

预计开船日期：MAR 26，2021

报关时间：MAR 24，2021 之前；入货时间：MAR 22，2021 之前

送货地址：克运仓库

青岛港保税区京门大道 6 号路 7 号

<u>TEL：0532-62271***</u>　　CTC：李小姐

<u>注：仓库工作时间为 8：30—17：00，如在工作时间外送货请提前通知仓库，</u>

<u>否则可能造成卸货延误。</u>

报关单据请寄往：

青岛市市北区十一经路 81 号　　300100

电话：0532-24109***

如有问题请及时联系我们，联系人：胡××

图 3-3-1　送货通知

（一）集装箱装箱单概述

集装箱装箱单（Container Load Plan）是详细记载集装箱内货物名称、数量等内容的单据。每个载货集装箱都要制作这样的单据，它是根据已装进集装箱内的货物制作的。不论是由发货人自己装箱，还是由集装箱货运站负责装箱，负责装箱的人都要制作集装箱装箱单。集装箱装箱单是详细记载每一个集装箱内所装货物详细情况的唯一单据，所以在以集装箱为单位进行运输时，它是一张极其重要的单据。

集装箱装箱单用途很广，主要包括以下几方面：

（1）它是发货人向承运人提供集装箱内所装货物的明细清单。

（2）它是在装箱地向海关申报货物出口的单据，也是集装箱船舶进出口报关时向海关提交的载货清单的补充资料。

（3）它是发货人、集装箱货运站与集装箱码头之间的货物交接单。

（4）它是集装箱装、卸两港编制装、卸船计划的依据。

（5）它是集装箱船舶计算船舶吃水和稳定性的基本数据来源。

（6）它是在卸箱地办理集装箱保税运输手续和拆箱作业的重要单证。

（7）当发生货损时，它是处理索赔事故的原始依据之一。

集装箱装箱单一式五联，其中码头、船代、承运人各一联，发货人/装箱人两联。由集装箱货运站装箱时，集装箱装箱单由装箱的货运站缮制；由发货人装箱时，集装箱装箱单由发货人或其代理人的装箱货运站缮制。

（二）集装箱装箱单的流转程序

集装箱装箱单的流转程序一般为：

（1）装箱人将货物装箱，缮制实际装箱单，一式五联，并在装箱单上签字。

（2）五联装箱单随同货物一起交付给拖车司机，指示司机将集装箱送至集装箱堆场，在司机接箱时要求司机在装箱单上签字并注明拖车号。

（3）集装箱送至堆场后，司机要求堆场收箱人员签字并写明收箱日期，以作为集装箱已进港的凭证。

（4）堆场收箱人在五联装箱单上签章后，留下码头联、船代联和承运人联（码头联）用于编制装船计划，船代联和承运人联分交给船代和承运人用于缮制积载计划和处理货运事故，并将发货人/装箱人联退还给发货人或货运站。发货人或货运站除留一份发货人/装箱人联备查外，将另一份送交发货人，以便发货人通知收货人或卸箱港的集装箱货运站，供拆箱时使用。

对于集装箱堆场留下的三联装箱单，除集装箱堆场自留码头联，据此编制装船计划外，还须将船代联及承运人联分送船舶代理人和船公司，以便其据此缮制积载计划和处理货运事故。

项目三　集装箱货物的出口业务（一）

任务实施

步骤一：传单

船公司或船代签发给明远代理订舱成功的凭证后，琪琪服饰收到明远代理传单——送货通知。

从单据性质上看，送货通知与提箱联系单、订舱确认书、配舱回单一样，都是订舱成功的凭证之一，区别在于装箱地点不同。当货主在订舱时要求堆场装箱时，即需要签发送货通知，要求货主在有效时间内将委托出运的货品送到指定的地点。送货一般多用于拼箱业务，在堆场装箱。

琪琪服饰收到送货通知时，需要仔细阅读单据内容，重点记录送货时间、地点、集港时间、报关时间等，保证不影响货物的出运。

步骤二：送货

琪琪服饰接到送货通知后，车队于 2021 年 3 月 19 日自派车将需要出口的 800 箱共 3 200 件针织衫运到送货通知指定的仓库。

步骤三：装箱

当仓库收齐琪琪服饰送来的全部货物之后，即开始安排装箱，点算装货数量，并由发货人自行铅封。此时船公司或船代会根据装箱情况出具装箱明细，再出具集装箱装箱单。集装箱装箱明细如图 3-3-2 所示。

船舶代理公司
集装箱装箱明细表

操作单号：20210319453　　中转港：无　　装箱公司：
船次：COCO DONGFANG 102E　　集装箱规格：20'GP　　订舱人：青岛琪琪服饰有限公司

提单号	箱号	封号	箱型	集装箱内装			目的港
				品名	件数	重量	体积
COCO-CK62912356			1*20'GP	针织衫	3 200	3 400 KGS	26.53 m³	NEW YORK
唛头：N/M				备注：①请及时提箱、报箱号； ②货主送货			

图 3-3-2　集装箱装箱明细

至此，货物堆场装箱的操作就完成了。

车队或者货代根据装箱明细填制集装箱装箱单，如图3-3-3所示。

集装箱装箱单						集装箱号 Cntr No.	MCSU4597778 7*1（1）
CONTAINER LOAD PLAN						铅封号 Seal No.	
船名 Vessel	COCO DONGFANG	船次 Voy	102E	目的港 Destination	NEW YORK	集装箱规格 Cntr Type	20′GP
提单号 B/L No.	标记 Shipping Mark	件数及包装 Packing & Numbers	品名 Description	毛重 G. W.	整箱重 Container G.W(KGS)	体积 Measurement	收货人及通知人 Consignees & Notify Party
COCO-CK6 2912356	N/M	3 200SETS 800CARTONS	针织衫	3 400 KGS		26.53 m³	
装箱地点 Loading Spot	堆场	装箱日期 Loading Date	2021.05.21		发货人 Shipper	青岛琪琪服饰有限公司 QINGDA QIQI DRESS CO., LTD	

图3-3-3　集装箱装箱单

技能训练

某进出口公司出口一批T恤，所用包装纸箱尺寸为长580 mm×宽380 mm×高420 mm，每箱毛重20 KGS，用40英尺钢质集装箱，箱内尺寸为长12 050 mm×宽2 343 mm×高2 386 mm，内容积67.4 m³，最大载重27 380 KGS。装箱操作员需要考虑纸箱在集装箱内的多种不同放置方法，计算出最佳的装箱方案。

（1）按体积进行计算。

①纸箱放置方法一。

集装箱内尺寸：长12 050 mm×宽23 413 mm×高2 386 mm。

纸箱在集装箱内的对应位置：长580 mm×宽380 mm×高420 mm。

集装箱长、宽、高共可装箱量：长20.7箱×宽6.1箱×高5.6箱。

去纸箱误差，集装箱可装纸箱数：长20箱×宽6箱×高5箱=600箱，体积为55.54 m³。

②纸箱放置方法二。

集装箱内尺寸：长 12 050 mm× 宽 2 343 mm× 高 2 386 mm。

纸箱在集装箱内的对应位置变动：长 580 mm× 宽 380 mm× 高 420 mm。

集装箱长、宽、高共可装箱量：长 31.7 箱 × 宽 4.0 箱 × 高 5.6 箱。

去纸箱误差，集装箱可装纸箱数：长 31 箱 × 宽 4 箱 × 高 5 箱 =620 箱，体积为 57.39 m³。

③纸箱放置方法三。

集装箱内尺寸：长 12 050 mm× 宽 2 343 mm× 高 2 386 mm。

纸箱在集装箱内的对应位置变动：长 580 mm× 宽 380 mm× 高 420 mm。

集装箱长、宽、高共可装箱量：长 28.6 箱 × 宽 6.2 箱 × 高 4.0 箱。

去纸箱误差，集装箱可装纸箱数：长 28 箱 × 宽 6 箱 × 高 4 箱 =672 箱，体积为 62.20 m³。

通过人工简单地按体积计算，显然方法三是最佳的一般性装箱量计算方案。

（2）按重量进行计算。

纸箱数量 =27380÷20=1369 箱 >672 箱，所以这个集装箱最多可以装 672 箱。

小故事大道理

养牛之道

到乡间旅行时，我们看到一位老农把喂牛的草料铲到一间小茅屋的屋檐上，不免感到奇怪，于是问道："老公公，您为什么不把草料放在地上让牛吃？"

老农说："这种草草质不好，我要是把它放在地上牛就会不屑一顾；但是我放到让它勉强够得着的屋檐上，它就会努力去吃，直到把草吃个精光。"

项目四

集装箱货物的出口业务（二）

任务一　报关报检

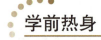

报关

上海市公安局邀请境外一无线电设备生产厂商到上海展览馆展出其价值100万美元的无线电设备，并委托上海某展览报关公司C办理一切手续。该厂商在上海展出设备后又决定把其中价值40万美元的设备运往杭州展出。设备从杭州返回后，上海市公安局决定购买其中价值20万美元的设备。该厂商为了感谢上海市公安局，赠送了5万美元的设备给上海市公安局，其余设备退回。作为C公司的报关员，你应当办理哪些手续？如何办理？

检验检疫

某进出口企业出口货物10 t，由检验检疫机构对货物进行了检验，检验合格后取得了证书。这时接到买方来函，声称市场上对该货物的需求很大，所以市场价格上涨，要求卖方追加2 t货物，一同运出。卖方考虑到所要追加的货物和原来的货物的品质以及各项指标完全一致，无须报商检部门重新进行检查，遂自行对其证书进行了局部修改。其做法是否符合规范？为什么？

项目四 集装箱货物的出口业务(二)

任务重难点

重点: 出口货物报关、报检申请的业务流程。

难点: 准确填制报关、报检申请涉及的相关单证,并独立完成报关、报检的业务操作。

任务描述

(一)报关任务描述

青岛长城机械集团进出口有限公司(以下简称长城机械)于2021年5月21日委托韦迪国际货运有限公司(以下简称韦迪国际)向青岛海关申报出口一批集卡,发货单位与经营单位相同,为青岛长城,生产厂家为青岛百斯维有限公司(以下简称百斯维)。

附件信息:

(1)发票(图4-1-1)。

青岛长城机械集团进出口有限公司	
QINGDAO GREAT WALL MACHINERY GROUP IMP. & EXP. CO., LTD.	
青岛沿江路8号	
8 YANJIANG ROAD, QINGDAO, CHINA	
INVOICE	
Tel:(0532)81102638	No.:92H034XE/07
Fax:(0532)81102668	Date:Oct. 23rd, 2021
	B/L No.:OLU90137181
ACCOUNTED M/S. BUILDERS & MACHINERY LTD., 211, NAWABPUR ROAD, SYDNEY, AUSTRALIA	
SHIPPED PER BY STEAMER FROM GUANGZHOU TO SYDNEY PORT	
Contract No.:10MEXN	
L/C No.:INB/CSD 10/166	外汇核销单编号:31/1005394

图4-1-1 发票

MARKS AND NUMBERS	NUMBER AND KIND OF PACKAGE DESCRIPTION OF GOODS	UNIT PRICE	AMOUNT
AUSTRALIA 07 MEXN C/No. 1–10 MADE IN CHINA	集卡 TRACTOR MODEL: MEGN-12 10 辆 H.S. CODE 87091110 计量单位：辆	USD 800.00/ 辆	FOB SYDNEY USD 8 000.00
青岛长城机械集团进出口有限公司 QINGDAO GREAT WALL MACHINERY GROUP IMP. & IMP. CO., LTD.			

图 4-1-1 发票（续）

（2）装箱单（图 4-1-2）。

青岛长城机械集团进出口有限公司					
QINGDAO GREAT WALL MACHINERY GROUP IMP. & EXP. CO., LTD.					
青岛沿江路 8 号					
8 YANJIANG ROAD, QINGDAO, CHINA					
PACKING LIST					
INVOICE No.: 92H034XE/07					
CONSIGNEE CODE: M/S. BUILDERS & MACHINERY LTD.					
CONTRACT NO.: 10MEXN			DATE: Oct. 28rd, 2021		
VESSEL VOY. NO.: DANUBHUM/S009					
MARKS AND NUMBERS	NUMBER AND KIND OF PACKGE DESCRIPTION OF GOODS	QUANTITY	G.W.	N.W.	AMOUNT
AUSTRALIA 07 MEXN C/No. 1–10 MADE IN CHINA	集卡 TRACTOR MODEL: MEGN-12	10 WOODEN CASE	636.00 KGS	600.00 KGS	USD 8 000.00
青岛长城机械集团进出口有限公司					
QINGDAO GREAT WALL MACHINERY GROUP IMP. & IMP. CO., LTD.					

图 4-1-2 装箱单

（二）报检任务描述

青岛进出口贸易公司向德国 PLH 贸易公司出口一批绿茶，并由青岛进出口贸易公司委托琳丽国际货运代理公司进行报检。

附件信息：

（1）买方：

PLH TRADING CORPORATION（HUMBURG / GERMANY）

TEL：040-42841-1620；FAX：040-42841-1620。

（2）卖方：

青岛进出口贸易公司

QINGDAO IMPORT & EXPORT TRADING CORPORATION（青岛 / 中国）

TEL：0532-65788377；FAX：0532-65788376。

（3）货物名称及规格：中国绿茶 /CHINESE GREEN TEA

66 箱 / PACKED IN 66 CARTONS。

（4）货物数量：330 KGS。

（5）货物总值：USD 36 300.00。

（6）合同日期：2021 年 5 月 10 日。

（7）合同号：RT05342。

（8）信用证号：8000804。

（9）出口许可证编号：2021052433。

（10）H.S. 编码：09021090。

（11）出口商编码：1957626546。

（12）启运口岸：青岛 /QINGDAO。

（13）到达口岸：汉堡 / HUMBURG。

（14）运输工具及名称：PUDONG V. 503。

（15）集装箱规格与数量：TE×112263978，1×20′。

（16）报检单位登记号：1486987661。

（17）货物存放地：青岛市新宁路 500 号。

（18）用途：销售。

（19）生产单位注册号：8855996644。

知识云集

（一）报关

1. 一般货物出口的报关流程（图4-1-3）

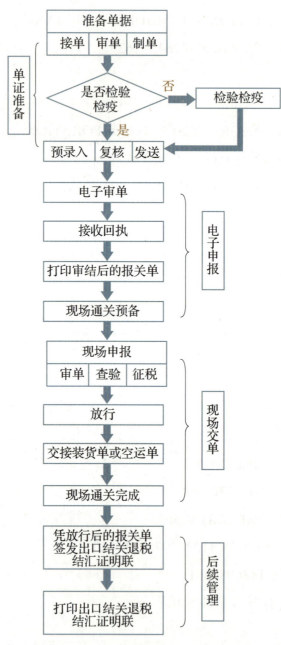

图4-1-3　一般货物出口的报关流程

2. 出口报关应提交的材料

进出口商向海关报关时，需提交以下单证。

（1）进出口货物报关单：一般进口货物的报关单应一式两份；需要由海关核销的货物，

如加工贸易货物和保税货物等，应填写专用报关单，一式三份；货物出口后需国内退税的，应另填一份退税专用报关单。

（2）货物发票：要求份数比报关单少一份，对货物出口委托国外销售，结算方式是待货物销售后按实销金额向出口单位结汇的，出口报关时可准予免交。

（3）陆运单、空运单、海运进口的提货单及海运出口的装货单：海关在审单和验货后，在正本货运单上签章放行，凭此提货或装运货物。

（4）货物装箱单：其份数同发票，但是散装货物或单一品种且包装内容一致的件装货物可免交。

（5）出口收汇核销单：一切出口货物报关时，应交验外汇管理部门加盖监督收汇章的出口收汇核销单，并将核销编号填在每张出口报关单的右上角。

（6）海关认为必要时，还应交验贸易合同、货物产地证书等。

（7）其他有关单证包括：

①经海关批准准予减税、免税的货物，应交验海关签章的减免税证明，北京地区的外资企业需另交验海关核发的进口设备清单。

②按已向海关备案的加工贸易合同进出口的货物，应交验海关核发的登记手册。

3. 报关委托书的填制

（1）代理报关委托书是进出口货物收发货人根据《中华人民共和国海关法》要求提交报关企业的具有法律效力的授权证明。代理报关委托书由进出口货物收发货人认真填写，并加盖单位行政公章，由法人或被授权人签字。

（2）委托报关协议是进出口货物收发货人（或单位）经办人员与报关企业经办报关员按照《中华人民共和国海关法》要求签署的明确具体委托报关事项和双方责任的具有法律效力的文件，分正文表格和背书两大部分。

（3）规范统一的代理报关委托书、委托报关协议纸质格式是将两个独立的文件印制在一张 A4 无碳复写纸上，一式三联，由中国报关协会监制。

（4）根据《中华人民共和国海关进出口货物申报管理规定》的要求，代理报关委托书和委托报关协议作为代理报关时报关单的必备随附单证使用，其编号为13位阿拉伯数字。前面的2位数表示所在直属海关关区代码，接下来的4位数表示年份，剩下的7位数是代理报关业务的流水号。

（5）双方经办人员应在开始委托报关操作前，认真填写格式化的代理报关委托书、委托报关协议，并签字、加盖业务专用章后生效。

（6）委托报关协议正文表格分必填项、补填项。没有标记的各项为必填项，应在签署前填写；标明"*"的各项为补填项，应在本协议作为报关单随附单证递交海关前填写。

（7）根据新修订的《中华人民共和国进出口关税条例》第五条的立法解释，委托方是关税的纳税义务人，应承担 H.S. 编码的填写责任。被委托方因熟悉业务，可帮助委托方进行填写。

（8）填写"收到单证情况"一栏时，可用"√"表示收到，否则表示没有收到。

（9）委托方"其他要求"一栏是对被委托方服务内容的具体说明。被委托方"服务承诺"一栏是被委托方对能否满足委托方"其他要求"的承诺。

（10）填写代理报关委托书、委托报关协议应使用签字笔，字迹工整。涂改处盖章后才有效。

（二）报检

1. 出境货物一般报检流程

对于出境一般报检货物，在当地海关报检的，由产地检验检疫机构签发出境货物通关单，货主或其代理人持出境货物通关单向当地海关报检，如图 4-1-4 所示。

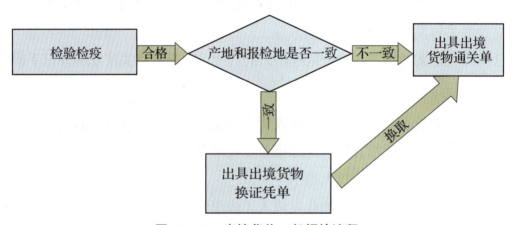

图 4-1-4　出境货物一般报检流程

2. 出境货物报检所需材料

报检时应当提交报检申请单及合同、发票、装箱单等有关单证，以信用证方式结算的，应同时提供信用证。下列情况还应当提供有关单证材料：

（1）申请换发出境通关单的，应当提供出境货物换证凭单正本或凭条。

（2）实施品质检验的，应当提供厂检合格单或检测报告。

（3）申请重量鉴定的，应当提供重量明细单。

（4）申请出境危险货物包装容器性能检验的，应当提供包装容器生产厂的包装容器质量许可证及该批包装容器的生产标准、设计工艺等技术资料；申请出境危险货物包装容器使用鉴定的，应当提供危险货物包装容器的性能检验结果单、危险货物说明等资料。

（5）危险货物，应当提供危险货物包装容器的性能检验结果单和使用鉴定结果单等资料。

（6）食品，应当提供食品包装检验合格单。

（7）来料加工、进料加工的出口货物，应当提供相关证明材料。

（8）注册登记管理或审批管理的货物，应当提供有关证明。

（9）微生物、生物制品、人体组织、血液及其制品等特殊物品，应当提供特殊物品卫生检疫审批单。

（10）援外物资，应当提供援外承包总合同或项目总承包企业与生产企业签订的内部购销合同、厂检合格单、总承包企业验收合格证明、商务部和国家质量监督检验检疫总局的批文、货物清单等。

（11）国家质量监督检验检疫总局对出境货物报检需提供的单证有其他特殊要求的，报检人应当按有关规定提供相关材料。

3. 出境货物报检单填制方法

出境货物报检的各项内容填制要求如下：

（1）出镜货物报检单所列各项必须填写完整、准确、清晰，没有内容填写的栏目应以"/"表示，不得留空。

（2）报检单位：向检验检疫机构申报检验、建议、鉴定业务的单位，报检单应加盖报检单位公章。

（3）报检单位登记号：填写报检单位在检验检疫机构登记的号码。

（4）发货人：填写本批货物贸易合同中卖方名称或信用证中受益人名称。如需出具英文证书，则应填写中英文。

（5）收货人：填写本批出境货物贸易合同中或信用证中买方名称。如需出具英文证书，则应填写中英文。

（6）按贸易合同或发票所列的货物名称，根据需要填写货物的中英文名称、型号、规格和牌号。货物名称必须填写具体类别名称，如"日用陶瓷""塑料玩具"等，不得填写笼统的货物类别名称，如"陶瓷""玩具"等。填写位置不够时可用附页形式填报。

（7）H.S.编码：指货物对应的海关货物代码，此处填写8位到10位的H.S.编码，每份申请单一般可填5个不同的编码。

（8）产地：填写出境货物原始生产加工的省（自治区/直辖市）以及地区（市）名称。

（9）数/重量：填写货物具体数量或重量，如服装填写件数。重量一般填写净重，如填写毛重或以毛重做净重则需注明。当有多个H.S.编码时，要根据每个H.S.编码对应填写数/重量。

（10）货物总值：根据合同、发票或报关单上所列金额填写并注明币种。有多个H.S.编码的，要根据每个H.S.编码的货物填写对应的金额、币种。（注：如申报货物总值与国内、国际市场价格有较大差异，检验检疫机构有权保留核价权。）

（11）包装种类及数量：填写货物的外包装种类（如纸箱、木箱等）及包装种类代码和具体的件数；有多个H.S.编码的，要根据每个H.S.编码对应填写包装种类及数量。

（12）运输工具名称号码：按运输工具的类别（如海运、空运等）及运输工具名称（如船名等）和编号（如飞机航班号、车牌号、火车车次）填写。报检时，未能确定运输工具编号的，可只填写运输工具类别。

（13）贸易方式：根据实际情况，并按海关规定的《贸易方式代码表》选择填报相应的贸易方式简称（如一般贸易、进料加工等）或代码。

（14）货物存放地点：填写本批货物的存放地点。

（15）合同号：填写本批货物贸易合同编号（或内贸合同号）。

（16）信用证号：填写货物用信用证结汇的编号，若没有信用证号码以"/"表示。

（17）用途：填写本批货物的用途，如食用、观赏、实验、药用、饲用、加工等。

（18）发货日期：按本批货物信用证或合同上所列的出境日期填写。

（19）输往国家（地区）：填写贸易合同中买方（进口方）所在的国家（地区）或相应代码。

（20）许可证/审批号：对实施许可证制度或者审批制度管理的货物，报检时填写许可证编号或审批单编号。

（21）启运地：填写装运本批货物离境的交通工具的启运口岸/地区城市名称。

（22）到达口岸：填写装运本批货物的交通工具最终抵达目的地停靠口岸名称。

（23）生产单位注册号：填写生产或加工本批货物的单位在检验检疫机构的注册登记编号。

（24）集装箱规格、数量及号码：填写本批货物的集装箱规格（如20英尺、40英尺等）以及分别对应的数量和集装箱号码。若集装箱过多，可用附页形式填报。未用集装箱运输的以"/"表示。

（25）合同、信用证订立的检验检疫条款或特殊要求：贸易合同或信用证中双方对本批货物因有特别约定而订立的质量、卫生等条款以及报检单位对本批货物检验检疫的特别条款和特别要求。需要证单的，须在此注明需要证单的名称（如在检验检疫证书上注明信用证号码等）。若没有要求，可以"/"表示。

（26）标记及号码：出境货物根据所附单据上的唛头（货物运输标志）填写。如没有唛头，则填写N/M。此栏不够位置填写时，可用附页形式填写。

（27）随附单据：按实际提供的单据，在对应的"□"内画"√"，在报检单上未列出的，需自行填写相应单据名称。

（28）需要证单名称：按实际情况需要检验检疫机构出具证单的，在对应的"□"内画"√"，并注明所需证单的正副本数量。在报检单上未列出的，可自行填写相应单据名称及正副本数量。如需电子转单的，也需要注明。

项目四 集装箱货物的出口业务（二）

任务实施

（一）报关操作

步骤一：委托报关

长城机械委托韦迪国际向青岛海关申报出口一批集卡。填制完成的代理报关委托书如图4-1-5所示。

代 理 报 关 委 托 书

编号：2200002041286

我单位（A逐票、B长期）委托贵公司代理A，B，C，D等通关事宜（A.填单申报；B.辅助查验；C.点缴税款；D.办理海关证明联；E.审批手册；F.核销手册；G.申办减免税款；H.其他）。详见《委托报关协议》。

我单位保证遵守《中华人民共和国海关法》和国家有关法规，保证所提供的情况属实、完整、单货相符，无侵犯他人知识产权的行为。否则，愿承担相关法律责任。

本委托书有效期自签字之日起至 2021 年 6 月 15 日止。

委托方（盖章）：

委 托 报 关 协 议

2021 年 5 月 21 日

为明确委托报关具体事项和各自责任，双方经平等协商签订协议如下：

委托方	青岛长城机械集团进出口有限公司	被委托方	韦迪国际货运有限公司
主要货物名称	牵引车	*报关单编码	No.
H.S.编码	87091110	收到单证日期	2021.05.21
进出口日期	2021.05.21	收到单证情况	合同☑ 发票☑ 装箱清单☑ 提（运）单☑ 加工贸易手册☐ 许可证件☑
提单号	OLU90137181		
贸易方式	FOB		
原产地/货源地	青岛		
传真电话	（0532）81102668	报关收费	人民币： 300元
其他要求：		承诺说明：	
背面所列通用条款是本协议不可分割的一部分，对本协议的签署构成了对背面通用条款的同意		背面所列通用条款是本协议不可分割的一部分，对本协议的签署构成了对背面通用条款的同意	
委托方业务签章： 		被委托方业务签章： 	
经办人签章： 联系电话： （0532）81102638		经办报关员签章 联系电话： （0532）81115682	

（白联：海关留存、黄联：被委托方留存、红联：委托方留存） 中国报关协会监制

图 4-1-5 代理报关委托书

步骤二：填制报关草单

韦迪国际接受长城机械的委托后，依据相关单据信息填制报关草单，如图4-1-6所示。

中华人民共和国海关出口货物报关单

预录入编号：		海关编号：		
出口口岸 青岛海关	备案号	出口日期 2021-05-23	申报日期 2021-05-22	
经营单位 青岛长城	运输方式 海运	运输工具名称 DANUBHUM/S009	提运单号 OLU90137181	
收货单位 M/S. BULDERS & MACHINERY LTD	贸易方式 一般贸易	征免性质 一般征税	结汇方式 信用证	
许可证号	运抵国（地区） 澳大利亚	指运港 悉尼	境内货源地 青岛	
批准文号 31/1005394	成交方式 FOB	运费	保费	杂费
合同协议号 10MEXN	件数 10	包装种类 木箱	毛重 636 KGS	净重 600 KGS
集装箱号	随附单据		生产厂家 青岛百斯维有限公司	
标记唛码及备注 AUSTRALIA 10MEXN C/No. 1-10 MADE IN CHINA				

项号	商品编码	商品名称、规格型号	数量及单位	最终目的国（地区）	单价	总价	币制	征免
01	集卡	TRACTOR MEGN-12	10	AUSTRALIA	800.00	8 000.00	USD	照章

税费征收情况			
录入员　　　录入单位	兹声明以上申报无误并承担法律责任	海关审单批注及放行日期（签章）	
报关员		审单	审价
单位地址	申报单位（签章） WEIDY INTERNATIONAL FORWORDING AGENCY	征税	统计
邮编　　　电话	填制日期	查验	放行

图 4-1-6　出口货物报关单

步骤三：电子申报

韦迪国际是一家具有报关资质的货代公司，报关员登录中国电子口岸（与海关系统链接），根据填制好的报关草单内容完成报关信息的预录入，再以电子形式传给海关，进行报关申请。电子申报的货物信息会通过海关内部系统传输给海关审单中心。

步骤四：海关审单

海关审单中心接到电子申报之后会进行审单，对电子报关的货品信息及报关单的填制进行审核，此时可对海关回执进行查询。回执通常有以下几种情况：

（1）待审。

（2）正在审理。

（3）退回修改：海关对于报关商品信息有其他要求，如材质、用途等。如有退回修改的情况，报关行将与客户联系，客户需根据海关的要求修改。

（4）与海关联系：海关对于申报的商品有疑义，需要客户与之电话联系。如有此情况，客户需积极配合，与海关联系解释商品。

（5）与现场联系：要求报关员拿纸面单证到海关联系现场报关员，通常要验核原产地证以及查验等。

（6）现场交单。

审核无误后，海关会要求韦迪国际将报关单及随附单证递交给其进行书面审核。至此，报关申请顺利完成。

（二）报检操作

步骤一：接受报检委托

琳丽国际货运代理公司接受青岛进出口贸易公司对本批货物的出境报检委托。填制完成的报检委托书如图 4-1-7 所示。

步骤二：准备报检材料

琳丽国际货运代理公司在接受入境报检委托后，开始向青岛进出口贸易公司收集本批货物报检的准备材料，其包括以下内容。

（1）报检委托书：一份正本，盖有委托人的公章。

（2）其他单据复印件：合同、信用证、发票、装箱单、许可证/审批文件。

（3）货物包装声明（正本）。

（4）出境货物报检单一份，并准备填写本批货物入境报检的相关信息。

国际货运代理

报 检 委 托 书

___青岛___ 出入境检验检疫局：

本委托人郑重声明，保证遵守出入境检验检疫法律法规的规定。如有违法行为，自愿接受检验检疫机构的处罚并负法律责任。

本委托人委托受委托人向检验检疫机构提交"报检申请单"和各种随附单据。具体委托情况如下：

本公司将于2021年6月进口/出口如下货物：

品名	中国绿茶/CHINESE GREEN TEA	H.S.编码	09021090
数/重量	330KGS	合同号	RT05342
信用证号	8000804	审批文件	
其他特殊要求	无		

特委托 ___琳丽国际货运代理公司___ （单位/注册登记号），代表本公司办理下列出入境检验检疫事宜：

☑1.办理代理报检手续；

☑2.代缴检验检疫费；

☑3.负责与检验检疫机构联系和验货；

☑4.领取检验检疫证单；

☑5.其他与报检有关的事宜。

请贵局按相关法律法规规定予以办理。

委托人（公章）　　　　　　　　　受委托人（公章）

青岛进出口贸易公司　　　　　　　琳丽国际货运代理公司

_2021_年_05_月_13_日　　　　　　_2021_年_05_月_13_日

本委托书有效期至 _2021_年_12_月_13_日

图 4-1-7　报检委托书

步骤三：填制出境货物报检单

填制本批货物的出境货物报检单（图 4-1-8）。

中华人民共和国出入境检验检疫
出境货物报检单

报检单位（加盖公章）：琳丽国际货运代理公司　　　　　　　　＊编　号：_____

报检单位登记号：1486987661　联系人：霍××　电话：136××××3552　报检日期：2021 年 05 月 14 日

发货人	（中文）	青岛进出口贸易公司
	（外文）	QINGDAO IMPORT & EXPORT TRADING CORPORATION
收货人	（中文）	德国 PLH 贸易公司
	（外文）	PLH TRADING CORPORATION

货物名称（中/外文）	H.S.编码	产地	数/重量	货物总值	包装种类及数量
中国绿茶/CHINESE GREEN TEA	09021090	QINGDAO	330 KGS	USD 36 300.00	纸箱/66 箱

运输工具名称号码	PUDONG V. 503	贸易方式	信用证	货物存放地点	青岛市新宁路500号
合同号	RT05342	信用证号	8000804	用途	销售
发货日期	2021.05.28	输往国家（地区）	德国	许可证/审批号	2021052433
启运地	青岛	到达口岸	汉堡	生产单位注册号	8855996644
集装箱规格、数量及号码	TE×112263978/ 1×20'				

合同、信用证订立的检验检疫条款或特殊要求	标记及唛码	随附单据（画"√"或补填）	
/	N/M	☑合同	□包装性能结果单
		☑信用证	☑许可/审批文件
		☑发票	□
		□换证凭单	□
		☑装箱单	
		□厂检单	□

需要证单名称（画"√"或补填）		＊检验检疫费	
□品质证书　___正___副	□植物检疫证书　___正___副	总金额（人民币元）	
□重量证书　___正___副	□熏蒸/消毒证书　___正___副		
□数量证书　___正___副	□出境货物换证凭单　___正___副		
□兽医卫生证书　___正___副	□	计费人	
□健康证书　___正___副			
□卫生证书　___正___副		收费人	
□动物卫生证书　___正___副	□		

报检人郑重声明：	领取证单	
1.本人被授权报检。	日期	
2.以上填写内容正确、属实，货物无伪造或冒用他人的厂名、标识、认证标志，并承担货物质量责任。		
签名：_____	签名	

注：有"＊"号栏由出入境检验检疫局机关填写　　　　◆国家出入境检验检疫局制

[1-2（2021.01.01）]

图 4-1-8　出境货物报检单

步骤四：填写出境报检单

琳丽国际货运代理公司报检员将填制好的出境货物报检单交给青岛出入境检验检疫局申请报检，并附上报检材料。

步骤五：实施检验检疫

青岛出入境检验检疫局受理本批货物的出境报检，并按照要求及规定对本批货物实施检验检疫。

步骤六：完成检验检疫

完成检验检疫后，由于本批货物的产地与出口地均为青岛，检验检疫局针对本批货物向琳丽国际货运代理公司报检，签发出境货物通关单（有效期两个月），如图4-1-9所示。

中华人民共和国出入境检验检疫 出境货物通关单

1. 发货人：青岛进出口贸易公司			5. 标记及唛码： N/M
2. 收货人：德国PLH贸易公司			
3. 合同/信用证： RT05342/8000804		4. 输往国家或地区： 德国	
6. 运输工具名称及号码： PUDONG V. 503		7. 发货日期： 2021.5.25	8. 集装箱规格和数量： TE×112263978, 1×20'
9. 货物名称及规格： 中国绿茶	10. H.S.编号： 09021090	11. 申报总值： USD 36300.00	12. 数/重量、包装种类及数量： 330 KGS、纸箱、66箱
13. 证明： 上述货物业经检验检疫，请海关予以放行。 本通关单有效期至 二〇二一年七月十七日 签字：简×× 日期：2021年05月17日 （检验检疫章）			
14. 备注： **************			

图 4-1-9　出境货物通关单

项目四 集装箱货物的出口业务（二）

技能训练

案例分析1：

某公司出口一批货物，合同中规定以纸箱包装，已实施了法定的检验检疫，并且缴纳了相关费用。此时原定设备的载货船舶在海上发生了事故，故不能如期运出，买卖双方协商，采用其他船只代替。但是由于当时的运输市场紧张，不能租到同等设备的船只，在运输过程中难免会对货物造成不必要的损伤，故买卖双方决定更换货物的包装为木箱。

问题：

（1）分析这种情况下是否需要重新进行检验检疫。

（2）检验检疫机构在对货物进行检验检疫时是否应另行收取相关费用？

案例分析2：

2021年10月15日，某公司以一般贸易的方式向某海关申报进口一批大豆，申报单价明显低于国际市场同期同类商品价格以及海关所掌握的价格资料，该公司对此未做出合理的解释。后经进一步核查，海关发现该公司在上述进口贸易过程中有删改合同和发票的行为，存在故意低报价格、偷逃税款的重大嫌疑。

海关对该公司进行立案调查，并根据《中华人民共和国海商法》第六条的有关规定，于同日扣留了涉案的货物。案件调查期间，由于大豆不宜长期保存，海关委托拍卖机构将该批货物先行变卖，同时制发先行变卖通知书，告知当事人货物变卖的有关情况。该公司不服上述处理决定，向海关总署申请行政复议。

问题：

（1）海关先行变卖的做法是否合法？为什么？

（2）该公司该如何处理才能尽可能减少损失？

（3）在哪些情况下海关可以行使先行变卖权？

小故事大道理

并不是你想象中的那样

两个旅行中的天使到一个富有的家庭借宿。这家人对他们并不友好，并且拒绝让他们在舒适的客人卧室过夜，而是在冰冷的地下室给他们找了一个角落。铺床时，较老的天使发现墙上有一个洞，就顺手把它修补好了。年轻的天使问为什么，老天使答道："有些事并不像它看上去的那样。"

第二晚，两人又到了一个贫穷的农家借宿。主人对他们非常热情，把仅有的一点食物拿出来款待他们，然后又让出自己的床铺给他们。第二天一早，两个天使发现农夫和他的妻子在哭泣，因为他们唯一的生活来源——一头奶牛死了。年轻的天使非常愤怒，他质问老天使为什么会这样。第一个家庭什么都有，老天使还帮助他们修补墙洞；第二个家庭尽管如此贫穷还是热情款待客人，而老天使却没有阻止奶牛的死亡。

"有些事并不像它看上去的那样。"老天使答道，"当我们在地下室过夜时，我从墙洞看到墙里面堆满了金块。因为主人被贪欲所迷惑，不愿意分享他的财富，所以我把墙洞填上了。昨天晚上，死神来召唤农夫的妻子，我让奶牛代替了她。"

任务二 集 港

学前热身

"直提直装"加快通关 确保进出口货物快转快运

在天津，"直提直装"新模式广获好评。2022年8月，天津口岸进口集装箱货物实施"船边直提"作业比例达35%，出口集装箱货物通过"抵港直装"模式在码头运抵后24小时内装船的比例达28%。

天津海关在天津海运口岸创新实施"船边直提""抵港直装"物流通关新模式，对切实畅通产业供应链、促进企业外贸保稳提质发挥了积极作用。在"直提直装"新模式下，进口企业货物提箱作业时间由以往的1~2天最短压缩到1.5小时，出口企业货物集港预期时间由原来的5天压缩到2天以内。这不仅保障了进口原料及时投入企业生产，也缩短了出口货物通关周期，为进出口企业提供了更便利的物流选择。

天津海关还进一步结合中欧班列特点，创新"港场直通"模式，助力中欧班列快速发展，服务"一带一路"建设。目前，中欧班列承运的海铁联运过境货物可实施"船边直提"作业，在船舶卸船时直接卸至车辆，并提离码头，转运至铁路堆场。海铁联运过境货物从天津港转运至铁路堆场的等待发运时间从原来的2~3天最短压缩至3小时，有效提升了天津中欧班列发运效率。2022年1月至9月，天津口岸监管发运中欧班列585列、6.28万标箱，同比增长均超过72%。

项目四　集装箱货物的出口业务（二）

任务重难点

重点：集港操作的业务流程及单证流转。

难点：准确填制集港操作所涉及的单证，并完成集港的业务操作。

任务描述

青岛琪琪贸易有限公司的玩具熊装箱完成，获得了准确的件重尺和箱封号，同时完成了提单样本的确认。此时需要完成这批货物的集港任务，包括单据集港和货物集港。单据集港是给作业区发送集港舱单，货物集港是直接将装箱完成的货物送到堆场。信息核对无误之后，才算完成了出口货物的集港操作。

在进行集港报关操作的过程中，涉及的单证主要有集港舱单、集装箱装箱单、设备交接单、场站收据。

要求学生分组分角色模拟完成此批货物的集港作业。

知识云集

（一）出口货物集港方法

集港时，出口货物可以用两种方法运到码头：

第一种是出口公司或者工厂自己送货到集装箱堆场，然后在集装箱堆场发送运抵报告，交场站收据，把船名航次、集装箱号、海关铅封号、货物毛重等相关信息传输给海关。海关收到运抵报告以后开始报关，通关放行，在下货纸上盖放行章等待集港。

第二种是做产地装箱，由集装箱堆场托空箱至客户工厂装箱，然后运抵集装箱堆场，发送运抵报告，集装箱堆场递交传输下货纸。海关开始报关，通关放行，在下货纸上盖放行章等待装船。

集港由集装箱堆场专车或者专业车队携带入港证件把不同集装箱按照不同的船名航次对应的码头发送，等待装船。集港过程有特定的时间限制，不能打乱集港计划，一般是在船开前一天或者两天，否则会产生额外费用。在特殊情况下，也有运抵报告晚发，下货纸晚交海关，先行集港的例外，但是需要特定的申请。

（二）集港常用单据的流转

集装箱设备交接单的流转程序：

（1）管箱单位填写设备交接单，交用箱人/运箱人。

（2）用箱人/运箱人到码头、堆场提箱或还箱时出示设备交接单，经办人员对照设备交接单，检查集装箱的表面状况后，双方签字，码头、堆场留下管箱单位联和码头、堆场联，将用箱人/运箱人联退还给用箱人/运箱人。

（3）码头、堆场将留下的管箱单位联退还给船公司或船代。

经交接双方签字的设备交接单是划分交接双方责任和核算有关费用的依据，也是对集装箱进行跟踪管理的必要单证。因此，其内容填写要明确、属实，任何人不得擅自更改。

设备交接单的填制并非由一方单独完成。其中，船公司或其代理填写的栏目有用箱人/运箱人、提箱地点、船名/航次、集装箱的类型及尺寸、集装箱状态、免费使用期限及进（出）场目的等。由用箱人/运箱人填写的栏目是运输工具牌号，如果是进场设备交接单，还须填写来自地点、集装箱号、提单号、铅封号等栏目。由堆场、码头填写的栏目则主要是集装箱进出场日期、检查目录，如果是出场设备交接单，还须填写提箱地点和集装箱号等栏目。

任务实施

步骤一：船代发送集港舱单

船代发送集港舱单是单据集港的一个操作步骤。在"提单样本确认"中，提单样本的确认就是为单据集港作准备。

船公司在结关前一天（开船前两天）结载，船代给作业区发第一遍集港舱单［用于闸口（检查桥）收装满货物的集装箱］，并于结关时停止向海关报关；发第二遍集港舱单，用于核对要收的集装箱（有修改就追加修改或者覆盖原图），闸口（检查桥）凭集港舱单核对之后的信息，收集装箱。

集港舱单中包括出运货物的船名航次、提单号、货物名称、包装种类、数量、重量等信息，这些信息可以使海关和作业区知悉将有哪些货物出口。

步骤二：货物集港

单据集港后，就要进行货物集港。

车队在工厂装箱后，凭集港单（集装箱装箱单和设备交接单）将这批玩具熊送到前方码头（指定集港地点），准备将玩具熊装船；到闸口（检查桥）时，工作人员核对无误后，放行通过。如果货物超重，则会被勒令掏箱。

集港单，即集装箱装箱单、设备交接单，分别如图4-2-1、图4-2-2所示。

项目四　集装箱货物的出口业务（二）

装　箱　单 CONTAINER LOAD PLAN							集装箱号 Cntr No.	MCSU4597787*1 （1）
^^^							铅封号 Seal No.	
船名 Vessel	DONGFANG	船次 Voy	E032	目的港 Destination	NEW YORK		集装箱规格 Cntr Type	20′ GP
提单号 B/L No.	标记 Shipping Mark	包装及件数 Packing & Numbers	品名 Description	毛重 G.W.	整箱重 Container G.W.	体积 Measurement		收货人及通知人 Consignees & Notify Party
DF105636	N/M	6400SETS 800CARTONS	玩具熊	637 KGS		27 m³		
装箱地点 Loading Spot	工厂	装箱日期 Loading Date	2021.05.10			发货人 Shipper		青岛琪琪贸易有限公司 QINGDAO QIQI TRADING CO., LTD

图 4-2-1　集装箱装箱单

集装箱发放/设备交接单 EQUIPMENT INTERCHANGE RECEIPT			出口 NO.:	
用箱人/运箱人（CONTAINER USER/HAULIER） 青岛琪琪贸易有限公司			提箱地点（PLACE OF DELIVERY） 德威三堆场华东北路2100号	
来自地点（WHERE FROM） 天津南开区			返回/收箱地点（PLACE OF RETURN） 德威三堆场	
船名/航次 （VESSEL/VOYAGE NO.） DONGFANG E032	集装箱号 （CONTAINER NO.） MCSU4597787*1（1）		尺寸/类型 （SIZE/TYPE） 20′GP	营运人 （CNTR.OPTR.）
提单号（B/L NO.） DF105636	铅封号 （SEAL NO.）		免费期限 （FREE TIME PERIOD） 2021-05-19	运载工具牌号（TRUCK, WAGON, BARGE NO.）
出场目的/状态 （PPS OF GATE-OUT/STATUS） 良好	进场目的/状态（PPS OF GATE-IN/STATUS）			进场日期（TIME-IN）
进场检查记录（INSPECTION AT THE TIME OF INTERCHANGE）				

图 4-2-2　设备交接单

普通集装箱（GP CONTAINER）壹只	冷藏集装箱（RF CONTAINER）	特种集装箱（SPECIAL CONTAINER）	发动机（GEN SET）
损坏记录及代号（DAMAGE & CODE） BR 破损（BROKEN）D 凹损（DENT）M 丢失（MISSING）DR 污箱（DIRTY）DL 危标（DG LABEL） 无			
左侧（LEFT SIDE）右侧（RIGHT SIDE）前部（FRONT）集装箱内部（CONTAINER INSIDE）顶部（TOP）底部（FLOOR BASE）箱门（REAR）		如有异状，请注明程度及尺寸（REMARK）	
除列明者外，集装箱及集装箱设备交接时完好无损，铅封完整无误。 AINER/ASSOCIATED EQUIPMENT INTERCHANGED IN SOUND CONDITION AND SEAL INTACT UNLESS OTHER			
用箱人/运箱人签署　青岛琪琪贸易有限公司 （CONTAINER USER/HAULIER'S SIGNATURE）		码头/堆场值班员签署　*** （TERMINAL/DEPOT CLERK'S SIGNATURE）	

图 4-2-2　设备交接单（续）

集装箱装箱单和设备交接单共同构成了集港单，并同车队一起完成货物的集港。

步骤三：收箱

闸口（检查桥）已经收到船代发送的集港舱单，同时车队凭集港单将货物送到了闸口（检查桥），核对二者信息，确认无误后，将不同集装箱按照不同的船名航次对应的码头发送，等待装船。

注意：集港过程有特定的时间限制，不能打乱集港计划，一般是在船开前一天或者两天，否则会产生额外费用。

技能训练

制作设备交接单：

青岛可爱玩具有限公司于 2021 年 5 月 28 日到青岛港国际码头的堆场提取中国远洋运输有限公司的 40 英尺集装箱，箱号为 CBHU3202732（铅封号为 CS1970322），提单号为 COAU705041058，并返厂装箱，于次日装船发运，预订的船名航次为 COSCO HARMONY V.006W。

请根据上述信息填写相应的设备交接单。

项目四　集装箱货物的出口业务（二）

集装箱发放/设备交接单　　出口 EQUIPMENT INTERCHANGE RECEIPT　NO.：			
用箱人/运箱人（CONTAINER USER/HAULIER）		提箱地点（PLACE OF DELIVERY）	
来自地点（WHERE FROM）		返回/收箱地点（PLACE OF RETURN）	
船名/航次（VESSEL/VOYAGE NO.）	集装箱号（CONTAINER NO.）	尺寸/类型（SIZE/TYPE）	营运人（CNTR.OPTR.）
提单号（B/L NO.）	铅封号（SEAL NO.）	免费期限（FREE TIME PERIOD）	运载工具牌号（TRUCK, WAGN, BARGE NO.）
出场目的/状态（PPS OF GATE-OUT/STATUS）	进场目的/状态（PPS OF GATE-IN/STATUS）		进场日期（TIME-IN）
进场检查记录（INSPECTION AT THE TIME OF INTERCHANGE）			
普通集装箱（GP CONTAINER）	冷藏集装箱（RF CONTAINER）	特种集装箱（SPECIAL CONTAINER）	发动机（GEN SET）
损坏记录及代号（DAMAGE & CODE） BR 破损（BROKEN）D 凹损（DENT）M 丢失（MISSING）DR 污箱（DIRTY）DL 危标（DG LABEL）			
左侧（LEFT SIDE）右侧（RIGHT SIDE）前部（FRONT）集装箱内部（CONTAINER INSIDE）顶部（TOP）底部（FLOOR BASE）箱门（REAR）		如有异状，请注明程度及尺寸（REMARK）	
除列明者外，集装箱及集装箱设备交接时完好无损，铅封完整无误。 AINER/ASSOCIATED EQUIPMENT INTERCHANGED IN SOUND CONDITION AND SEAL INTACT UNLESS OTHER			
用箱人/运箱人签署（CONTAINER USER/HAULIER'S SIGNATURE）		码头/堆场值班员签署　***（TERMINAL/DEPOT CLERK'S SIGNATURE）	

小故事大道理

提醒自我

有个老太太坐在马路边望着不远处的一堵高墙，总觉得它马上就会倒塌，见有人向墙边走过去，她就善意地提醒道："那堵墙要倒了，离它远点走吧。"被提醒的人不解地看着她大模大样地顺着墙根走过去了——那堵墙没有倒。老太太很生气："怎么不听我的话呢？！"又有人走来，老太太又予以劝告。三天过去了，许多人从墙边走过去，并没有遇上危险。第四天，老太太感到有些奇怪，又有些失望，便不由自主地走到墙根下仔细观看。然而就在此时，墙倒了，老太太被掩埋在灰尘和砖石中，气绝身亡。

任务三　装船签单

学前热身

慎重运用不同种类的提单

2021年3月，国内某公司（甲方）与加拿大某公司（乙方）签订了一份设备引进合同。根据合同，甲方于2009年4月30日开立以乙方为受益人的不可撤销即期L/C。L/C要求乙方在交单时，提供全套已装船清洁B/L。

2021年6月12日，甲方收到开证银行进口付款通知书。甲方业务人员审核议付单据后发现乙方提交的B/L存在以下疑点：

（1）提单签署日期早于装船日期。

（2）提单中没有"已装船"字样。

根据以上疑点，甲方断定该B/L为备运提单，并采取以下措施：

（1）向开证行提出单据不符点，并拒付货款。

（2）向有关司法机关提出诈骗立案请求。

（3）查询有关船运信息，确定货物是否已装船发运。

（4）向乙方发出书面通知，提出甲方疑义并要求对方做出书面解释。

乙方在收到甲方通知及开证行的拒付函后，知道了事情的严重性并向甲方做出书面解释，但片面强调船务公司方面的责任。

项目四　集装箱货物的出口业务（二）

在此情况下，甲方再次发函表明立场，并指出由于乙方原因，设备未按合同规定期限到港并安装调试，乙方已严重违反合同并给甲方造成了不可估量的损失，要求乙方及时派人来协商解决问题。否则，甲方将采取必要的法律手段解决双方的纠纷。

乙方遂于2021年7月派人来中国。在甲方出示了充分的证据后，乙方承认该批货物由于种种原因并未按合同规定时间装运，同时承认了其所提交的B/L为备运提单。最终，经双方协商，乙方同意在总货款12.5万美元的基础上降价4万美元并提供3年免费维修服务作为赔偿，同时取消信用证，付款方式改为货到目的港后以电汇方式支付。

任务重难点

重点：集装箱货物装船签单的业务流程。

难点：准确填制集装箱装船所涉及的单证，并完成集装箱装船签单的业务操作。

任务描述

青岛佳琪贸易有限公司委托青岛振海货运集团租船订舱、提空装箱、报关，上述操作步骤已经全部完成。

2021年5月15日，青岛佳琪贸易有限公司将货物准备完成运至集装箱堆场，5月16日顺利完成集港操作。双方约定2021年5月19日为本批货物的装船日期，COCO船代公司于2021年5月20日签发提单，通知青岛振海货运集团领取提单。

要求学生分组分角色完成集装箱货物的装船签单操作。

知识云集

（一）提单

提单是指用于证明海上货物运输合同和货物已经由承运人接收或者装船，以及承运人保证据以交付货物的单证。

（二）提单的分类

（1）已装船提单（Shipped or Board B/L）：指承运人向托运人签发的货物已经装船的提单。

（2）收货待运提单或待运提单（Received for Shipping B/L）：指承运人虽已收到货物但尚未装船时签发的提单。

（3）直达提单（Direct B/L）：指货物自装货港装船后，中途不经换船直接驶到卸货港卸货而签发的提单。

（4）联运提单或转船提单（Through B/L）：指承运人在装货港签发的货物中途得以转船运输至目的港的提单。

（5）多式联运提单（MT B/L）：指货物由海上、内河、铁路、公路、航空等两种或多种运输方式进行联合运输而签发的适用于全程运输的提单。

（6）班轮提单（Liner B/L）：指由班轮公司承运货物后签发给托运人的提单。班轮是在一定的航线上按照公布的时间表，在规定的港口间连续从事货运的船舶。班轮可分定线定期和定线不定期两种。

（7）租船合同提单（Charter Party B/L）：一般指用租船承运租船人的全部货物，船东签发给租船人的提单，或者并非全部装运租船人的货物，而由船东或租船人所签发的提单。

（8）记名提单（Straight B/L）：指只有提单上指名的收货人可以提货的提单，一般不具备流通性。

（9）指示提单（Order B/L）：通常有未列名指示（仅写Order）、列名指示（Order of Shipper或Order of Consignee**Company，Order of **Bank）两种。指示提单通过指示人背书可以转让。

（10）不记名提单（Blank B/L或Open B/L）：提单内没有任何收货人或Order字样，即提单的任何持有人都有权提货。

（11）清洁提单（Clean B/L）：货物交运时，其表面情况良好，承运人签发提单时未加任何货损、包装不良或其他有碍结汇的批注。

（12）不清洁提单（Foul B/L）：货物交运时，其包装及表面状态出现不坚固、不完整等情况，船方可以在提单上批注。

（13）包裹提单（Parcel Receipt或Non-Negotiable Receipt）：适用于少量货物、行李或样品等。

（14）最低运费提单或起码提单（Minimum B/L）：运费未到运价本规定的最低额，而按规定的最低运费计收。

（15）并提单或拼装提单（Omnibus B/L或Combined B/L）：不同批数的货物合并在一份提单上或不同批数的相同的液体货物装在一个油舱内，签发几份提单时，前者叫并提单，后者叫拼装提单。

（16）分提单（Separate B/L）：指一批货物，即同一装货单的货物，根据托运人的要求分列2套或2套以上的提单。

（17）过期提单（Stale B/L）：指出口商向银行交单结汇的日期与装船开航的日期间隔过久，以致无法于船到目的地以前送达目的港收货人的提单。银行一般不接受这种提单。

（18）交换提单（Switch B/L）：指起运港签发提单后，在中途港另行换发的一套提单，作为该批货物由中途或中转站出运。

（19）倒签提单（Anti-Dated B/L）：指承运人应托运人的要求在货物装船后签发的日期早于实际装船完毕日期的提单。

（20）预借提单（Advanced B/L）：因信用证规定装运期和结汇期到期而货物因故未能及时装船，但已在承运人掌握之下或已开始装船，由托运人出具保函要求承运人预借的提单。

（21）舱面提单或甲板货提单（on Deck B/L）：指货物装载于船舶露天甲板，并注明"甲板上"字样的提单。

（22）货运提单（House B/L）：指由货运代理人签发的提单。货运提单往往是货物从内陆运出并运至内陆时签发的。这种提单从技术上和严格的法律意义上说是缺乏提单效力的。

任务实施

步骤一：核对单据

这一步操作由两个工作岗位同时进行，分别是码头驻航办和外理驻航办。

海关验关合格之后，在下货纸（十联单）的第四联场站收据副本上加盖放行章，并将下货纸的其他几联分别放至它们对应的位置。码头驻航办和外理驻航办依据船代发送来的集港舱单核对下货纸的相关内容。码头驻航办核对第四联，外理驻航办核对第五联。

码头驻航办将下货纸的第四联内容输入计算机，与后到的第三遍集港舱单进行核对，在船进港之前将结果通知单船计划（港务局作业区的一个部门）用于画船图，并转下货纸第四联（图4-3-1）。

		D/R 编号 DF105636	
SHIPPER 托运人 QINGDAO JIAQI TRADE CO.,LTD.		装 货 单 场站收据副本	第 四 联
CONGSIGNEE 收货人 TO ORDER			
NOTIFY PARTY 通知人 JAPAN EUROPEAN CLUB			
PRE-CARRIAGE 前程运输	PLACE OF RECEIPT 收货地点		
OCEAN VESSEL VOY.NO. 船名或航次 DONGFANG E032	Port of loading 装货港 QINGDAO PORT CHINA		
Port of discharge 卸货港 NEW YORK	Place of deliver 交货地点	Final destination for the merchant's reference 目的地 JAPAN EUROPEAN CLUB	
Container No. 集装箱号 CLCU45977 87*1（1）	Seal No.&Marks and No.s 封志号&唛头和号码 N/M	No.of containers or PKGS 箱数或件数 800箱6 400件	Kind of package 包装种类 CARTON	Gross weight 毛重 637 KGS	Measurement 总尺码 27.945 m³
		海关放行章	船代签单章		
Freight & Charges					

图 4-3-1 下货纸第四联

外理驻航办从各驻航办取来下货纸的第五联——场站收据大副联，并与船代或船公司发来的第三遍集港舱单核对提单号（DF105636）及其他信息，将核对的结果传给理货各分公司，目的是传给在船边的外理，用于与作业区核对装船。

步骤二：预配船图

进船之前，船公司要给作业区预配船图，用于配装。船公司进行的所有画图等操作都是在上一港发来的出口预配图上进行的，即这张预配船图（电子图，一般要比第三遍集港舱单晚）告诉我们这一港可以在哪些舱位上装箱。预配图最晚要在船进港前12小时内给单船计划，告诉其具体的配箱位置，即具体将集装箱装在哪个舱位。

步骤三：配装

有了预配船图之后，外理会根据其完成理货，即核对实际的装箱装载位置是否一致，然后将结果记录到预配船图上。即使集装箱的具体装载位置和预装箱位置不同，也可以通过修改电子装船图达成一致。在开船前1~2小时将积载图（正式完船图）打印出两份作为随船单据，并出具理货报告三份（大幅一份、计费一份、外理自己一份）。理货报告是详细记录货损、货差的一份单据，一条船一份，为签发提单做准备。

步骤四：积载图

青岛佳琪贸易有限公司的玩具熊装至船上，开船一个小时后，外理要给船代和船公司驻港办发送积载图和退关清单（订舱单 – 实载清单 = 退关清单）。与此同时，船公司可以在互联网上查看退关清单，为签发提单做准备。提单的签发日期就是开船的日期。

当船公司青岛分公司有了积载图之后，要分别给总公司和下一个目的港发送船图。给总公司是为了备案，给下一个目的港是为了让其画船图使用，以便货物的装运和配载。

至此，这批玩具熊的装船任务就完成了。

步骤五：签发提单

货物顺利装船后，船公司或其代理公司需要签发提单（由船东签发的提单为正本提单，也称大单）。《中华人民共和国海商法》规定，签发提单的日期为装船日期；如果装船后有不可抗力因素导致不能正常开船，就要将原来已经签发的提单收回，重新签发。所以，现在一般的做法是在开船后几小时签发提单（图4-3-2）。

	BILL OF LADING	B/L No. COCO-PL123456

Shipper

QINGDAO ZHENHAI INTERNATIONAL FREIGHT GROUP
NO.92,WEIJIN ROAD, NANKAI DISTRICT, TIANJIN, CHINA

Consignee
TO ORDER

Notify Party
LOS ANGELES THALMA OTTO JEWELRY COMPANY 541 WENYI ROAD, THALMA LOS ANGELES AMERICA

COCO

ORIGINAL

*Pre-carriage by	*Place of Receipt
Ocean Vessel Voy. No.	**Port of Loading**
COCO ANGLE B65	QINGDAO PORT CHINA
Port of Discharge	***Final Destination**
LOS ANGELES, USA	

Marks and numbers	Number and kind of packages;Description	Gross weight	Measurement
N/M	CROSS STITCH 100 SET, PACKED IN EXPORT CARTONS OF EACH SETS EACH; TRANSPORTED IN 20' CONTAINERS OF 200 CARTONS EACH	2 700 KGS	25.7 m³

FERIGHT PREPAID

TOTAL PACKAGES (IN SAY TWO HUNDRED CARTONS ONLY WORDS)

Freight and charges

Place and date of issue
QINGDAO
Signed for the Carrier
As agent for the carrier, coco container lines

*Applicable only when document used as a Through Bill of Loading

图 4-3-2 签发提单

项目四　集装箱货物的出口业务（二）

技能训练

案例分析：

我国广东省江门市某贸易有限公司（A公司）与多米尼加共和国B公司签订了一份售货合同，约定由A公司向B公司出口一批电话机。

某年4月13日通过以色列某轮船有限公司（C公司）在我国香港的代理人，A公司与C公司签订了海上货物运输合同。根据该合同规定，由C公司将A公司这批出口货物用集装箱从我国香港运往多米尼加共和国圣多明哥港口。C公司向A公司签发了一式三份全套正本提单且为记名提单，记名的收货人是买方（B公司）。货物运抵目的港后，在A公司仍持有全套三份正本提单的情况下，货物被提走，使A公司失去对货物的控制权，最终导致A公司无法收回货款。

本案例中的A公司向广州海事法院提起诉讼请求。A公司能否保全货物，得到法院的支持？

如果此提单为指示提单，多米尼加共和国港务局及海关就无法将货物直接交给B公司，A公司还有保全货物的可能性。

根据下列资料制作海运提单。

信用证资料：

1. BENEPICIARY: NINGBO NATIONAL I/E CORP.

2. APPLICANT: NEIBOUR HAIS CO.LONDON UK

3. A FULL SET CLEAN SHIPPED ON BOARD OCEAN BILL OF LADING MADE OUT TO THE ORDER OF BANK OF INDIA, UK MARKED PREIGHT PREPAID NOTIFYING WIN SHIOOING SERVICES, 94 BEATMOND ROAD

4. SHIPMENT FROM NINGBO TO LONDON

5. DESCRIPTION OF GOODS: 100 CARTONS OF CHESTNUTS 12.00PER CARTON CIF LONDON

其他资料：

1. 唛头：NH
   　　　　LONDON
   　　　　NO.1-100

2. 提单号：453

3. 船名航次：KANGKE V.372

4. 总毛重：1 800 KGS

5. 总体积：24.533CBM
6. 提单签发日期：OCT.10，2021
7. 装运日期：OCT.11，2021
8. 提单签发单位：SINOTRANS NINGBO CO.　提单签发人：杨×

小故事大道理

爱人之心

这是发生在英国的一个真实的故事。

有位孤独的老人，无儿无女，又体弱多病。他决定搬到养老院去。老人宣布出售他漂亮的住宅，购买者闻讯蜂拥而至。住宅底价8万英镑，但人们很快就将它炒到了10万英镑。价格还在不断攀升。老人窝在沙发里，满目忧郁，是的，要不是健康状况不好，他是不会卖掉这栋陪他度过大半生的住宅的。

一个衣着朴素的青年来到老人面前，弯下腰，低声说："先生，我也好想买这栋住宅，可我只有1万英镑。但是，如果您把住宅卖给我，我保证会让您依旧生活在这里，和我一起喝茶、读报、散步，天天都快快乐乐的——相信我，我会用整颗心来照顾您！"

老人颔首微笑，把住宅以1万英镑的价钱卖给了他。

任务四　费用结算

学前热身

国家质量监督检验检疫总局办公厅关于做好免收出口商品法检费用有关工作的通知（节选）

各直属检验检疫局：

根据《国务院办公厅关于促进进出口稳增长、调结构的若干意见》（国办发〔2013〕83号）"免收2013年8月1日至2013年年底5个月的出口商品法检费用"的要求，为保证免收政策的如期贯彻执行，现将有关事宜通知如下：

对自2013年8月1日起至2013年12月31日报检的所有出境货物、运输工具、集装箱及其他法定检验检疫物免收出境检验检疫费（不包括对出境人员预防接种和体检收取

项目四　集装箱货物的出口业务（二）

的费用，以及企事业单位承担与出境检验检疫有关的商业性自愿委托检测和鉴定、出境检疫处理、动物免疫接种工作收取的费用）。

免收的具体项目：

（一）货物及运输工具检验检疫费：货物检验检疫费、运输工具检验检疫费、集装箱检验检疫费、包装物及铺垫材料检疫费、携带或邮寄物检验检疫费。

（二）货物及运输工具鉴定业务费：重量鉴定费、数量鉴定费、木材检尺费、包装检验及鉴定费、集装箱鉴定费。

（三）安全监测及特殊检验项目收费：型式试验费、其他特殊检验项目费。

（四）考核注册、签发证（单）、查验审核费：各类考核注册的申请考核及证书费、签发证（单）费（不包括签发预防接种证书、签（换）发健康证书、外国人健康证明验证、出具诊断书、病情摘要）、查验审核费、空白证单工本费。

（五）其他：复验费、免验、标志（标记）成本费、封识成本费、隔离场（圈）租用费。

（六）实验室检验项目和鉴定项目费。

任务重难点

重点：海运出口运费的计算方法。

难点：准确计算海运运费。

任务描述

2021年5月10日，北京明辉手工艺品制作有限公司（以下简称明辉工艺）委托天津捷达国际货运集团（以下简称捷达货运）出口一批十字绣到美国洛杉矶（Los Angeles）希尔玛市OTTO饰品公司（以下简称OTTO）。明辉工艺与OTTO已签订销售合同，并约定装船日期为2021年5月24日，交单截止日期为2021年6月10日。

由于捷达货运与COCO船代公司是长期合作关系，每月成交量比较大，其运费结算采用月结的形式。

商品名称：十字绣（CROSS STITCH）。

商品型号：VS09876。

商品数量：20 000件、200箱。

商品包装：纸箱，每100件装一个包装箱。

商品总重：2 700 KGS。

商品总尺码：25.7 CBM。

装运港：天津新港（TIANJIN XIN GANG PORT）。

目的港：洛杉矶港（LOS ANGELES PORT）。

成交价格：USD 75 PER PC CIF LOS ANGELES。

要求学生完成此批货物的运费计算。

知识云集

（一）运费计算的基本步骤

（1）根据装货单底联或托运单查明所托运货物的装货港和目的港所属的航线。需注意的项目有：目的港或卸货港是否是航线的基本港；是否需要转船；是否要求直达；如果有选卸港，则包括选卸港的个数和港名。

（2）了解货物名称、特征、包装状态，是否为超重或超长货件、冷藏货物。

（3）从货物分级表中查出货物所属等级，确定应采用的计算标准。

（4）查找所属航线等级费率表，找出该等级货物的基本费率。

（5）查出各项应收附加费的计费办法及费率。

（6）列式进行具体计算。

（二）集装箱班轮运输中运费的计算

集装箱班轮运输中的基本运费计算方法有两种：

（1）采用与计算普通杂货班轮运输基本运费相同的方法，对具体的航线按货物的等级和不同的计费标准来计算基本运费。

（2）对具体航线按货物等级及箱型、尺寸的包箱费率，或者仅按箱型、尺寸的包箱费而不考虑货物种类和级别计算基本运费。

包箱费率指对单位集装箱计收的运费率，也称"均一费率"（Freight All Kinds，FAK）。采用包箱费率计算集装箱基本运费时，只需要用具体航线、货物等级以及箱型、尺寸所规定的费率乘以箱数。

第一种计算方法包括拼箱货运费计算和整箱货运费计算。拼箱货的海运运费计算与普通杂货班轮运输货物的运费计算方法相似。

在货物由托运人自行整箱装箱、CY交货的情况下，且采用拼箱货运费的计算方法时，一箱货物的运费应按集装箱的最低运费吨(计费吨)计算运费。如果箱内所装货物没有达到规定的最低集装箱标准,即箱内所装货物没有达到规定的最低运费吨,对其亏损部分,托运人应支付"亏箱运费"。

最高运费是为鼓励托运人采用集装箱装运货物,并最大限度地利用集装箱内部容积而使用的一种运费计算方法。

运费计算时应为各种规格和类型的集装箱规定一个按集装箱的内部容积折算的最高运费吨。例如,规定20英尺的干货箱的最高运费吨为31 m^3,40英尺的干货箱的最高运费吨为67 m^3。如果实际装入箱内的尺码吨超过规定的最高运费吨,则以最高运费吨为限计收运费。

集装箱班轮运输中的附加运费与杂货班轮运输中的情况相似。实务中,常将基本运费和附加费合并在一起,以包干费的形式计收运费。此时的运价也称包干费率,又称全包价(A.I.R.)。

任务实施

步骤一:运费计算

本批货物运费的计算方法如下:

集装箱运输的运费 = 运价 + 当地费用(Local Charge)

单位商品运价 = 基本运费 + 附加费

基本运费是根据基本运价和计费吨计算得出的。

最后得到的运费的计算方法如下:

毛重:2 700 KGS,尺码:26.7 m^3。

毛重(尺码吨),择大计收。

附加费:包括燃油附加费(BAF)、货币贬值附加费(CAF)、中转附加费(TS)、港口拥挤附加费(PCS)、全面涨价(GRI)、紧急燃油附加费(EBS)、拖车费(CHS)、美线燃油附加费(BSC)等,征收较灵活。

单位商品运价 = 基本运费 + 附加费 = USD114.51

总运费 = 单位商品运价 × 货物总数量(重量)= USD114.51 × 26.7 = USD3 057.15

当地费用是在装货港加收的一些费用,主要是海运费 USD3 057.15(ALL-IN),还有码头操作费、港杂、码头港口安保费和天津港口附加费等费用。这些费用一般不写英文,而写中文,外方要求时再写英文。当地费用如表4-4-1所示。

表 4-4-1 当地费用

项目	20尺（RMB）	40尺（RMB）
港杂	185	310
THC	475	750
舱单传输	20	20
安保	20	30
文件	150	150

所以，COCO 船代公司给捷达货运报出的关于承运这批十字绣的运费为 USD3 200.15。

步骤二：运费确认

从 COCO 船代公司开始，有一份运费确认单在三方流转，直到明辉工艺和捷达货运在这份运费确认单上确认"OK"之后，才开始履行交款操作。运费确认流程如图 4-4-1 所示，运费确认单如图 4-4-2 所示。

图 4-4-1 运费确认流程

运 费 确 认 单　　　　　　　　　请确认 OK?

TO:天津捷达国际货运集团

我司委托贵司出运由 XIANGANG 至 LOS ANGELES，船名航次为 COCO ANGLE B65，开航日期为 2020-05-24，提单号为 COCO-PL123456 的货物。我公司应付贵司海运费金额 USD3 200.15。

我公司保证在开船25天之内，即船到港之前，将全部运费付至贵司指定账户 ××××××××××。敬请贵公司在收到款后，通知目的港给我公司办理放货手续。

否则，贵公司有权利在目的港对我公司货物进行扣押或暂扣我公司其他任何单据，我公司将承担由此产生的一切费用并放弃对由此产生的一切费用或问题的申诉权利。

特立此据：

如果在付费期内，我公司没有按时给付应付运费，我公司应按照应付运费的0.5%/天向贵公司交付运费滞纳金、违约金，并向贵公司支付由于美金对人民币汇率变化而给贵公司造成的任何损失。贵公司可采取扣单等一切措施，追回拖欠款，由此产生的一切风险和责任由我公司承担。

备注：发票抬头：**************
　　　其他：
经办人签章：
（加盖公章）
日期：2020 年 05 月 26 日

图 4-4-2 运费确认单

项目四 集装箱货物的出口业务（二）

当运费确认无误后，捷达货运会在运费确认单右上角标注"OK"，然后结算运费，获取提单。

步骤三：交纳运费

由于捷达货运与COCO船代公司之间是一种长期合作的关系，并且捷达货运规模比较大，COCO船代公司需要依靠该公司揽到更多的货运业务，所以二者之间的费用结算采用月结的方式。当捷达货运确认运费之后，便向有关部门交纳了运费，共计USD3 200.15。

COCO船代公司先与捷达货运业务员取得联系，捷达货运凭正本提单领取联系单，加盖天津捷达国际货运集团公章，便可凭此单到COCO船代公司领取提单。领取正本提单的同时，捷达货运业务员在复印件上签字并加盖公章，然后在每次月结时，核对账单，持支票和凭条领取发票即可。

在这一操作步骤中，并没有实际意义上的运费交纳，只是象征性地签字和签章，证明运费是月结即可。

技能训练

广东某出口公司以CIF FELIXSTOWE出口一批货物到欧洲，经香港转船，采用2×40′FCL集装箱。已知香港至费力克斯托（FELIXSTOWE）的费率是USD3 500.00/40′，广州经香港转船，其费率在香港直达费力克斯托的费率的基础上加USD150/40′，另有港口拥挤附加费10%，燃油附加费5%。

问：该出口公司应支付多少运费？

小故事大道理

窗

有个太太多年来不断抱怨对面的太太很懒惰："那个女人的衣服永远洗不干净，看，她晾在院子里的衣服总是有斑点，我真的不知道，她怎么连洗衣服都洗成那个样子……"

直到有一天，有个细心的朋友到她家，才发现不是对面的太太衣服洗不干净。朋友拿了一块抹布，把这个太太窗户上的灰渍抹掉，说："看，这不就干净了吗？"

原来，是这个太太自己家的窗户脏了。

项目五

集装箱货物的进口业务

任务一 接单接货

办理货物交接时的注意事项

在办理海上国际集装箱、集装箱货物交接时需注意的主要问题如下:

承运人与托运人或者收货人应当根据提单确定的交接方式,在码头堆场、货运站或者双方商定的其他地点办理集装箱、集装箱货物交接。

参加海上国际集装箱运输的承运人、港口装卸企业应当按照下列规定办理集装箱交接:

(1)海上承运人通过理货机构与港口装卸企业在船边交接。

(2)经水路集疏运的集装箱,港口装卸企业与水路承运人在船边交接。

(3)经公路集疏运的集装箱,港口装卸企业与公路承运人在集装箱码头大门交接。

(4)经铁路集疏运的集装箱,港口装卸企业或者公路承运人与铁路承运人在装卸现场交接。

集装箱交接时,交接双方应当检查箱号、箱体和封志。重箱凭封志和箱体状况交接,空箱凭箱体状况交接。交接双方检查箱号、箱体和封志后,应当做记录,并共同签字确认。

项目五 集装箱货物的进口业务

任务重难点

重点：集装箱货物接单接货流程。

难点：集装箱货物进口业务流程。

任务描述

2021年5月1日，青岛长宁机械制造公司（以下简称长宁制造）从马来西亚（HAYU MALAYSIA APPARATUS PTE LTD.）进口一批机械螺母（型号为M12L24）。双方签订了贸易合同，成交方式为FOB，结算方式为信用证。此批机械螺母供外贸自营内销。

由于成交方式为FOB，进口商长宁制造负责运输和保险业务。2021年5月15日，长宁制造委托出口地货代公司从出口地丹戎帕拉帕斯港租船订舱，5月30日这批螺母顺利装船，签发提单。2021年6月10日船到港。长宁制造委托青岛广峰进出口代理公司（以下简称广峰代理）完成这批机械设备的进口业务操作。

集装箱号：CCLU2832761*（1）。

泊位：港区4-03。

商品数量：每100个10千克，共1 000千克。

包装种类：纸箱。

包装说明：每10千克一个包装，共100个包装箱，每4小箱装在一个大包装内，共25箱。

知识云集

进口货物自装运港起运后，承运人会通知其在目的港的船务代理商根据船期向进口商发出到港通知单，进口商自收到该通知单之日起就应办理进口货物接货、报检、报关事项。

进口货物接货操作流程（图5-1-1）：

（1）进口商向承运人办理租船订舱事务，落实货物运输要求。

（2）承运人按要求将指定船只派往装货港装货，装货后向出口商签发海运提单。

（3）出口商将海运提单及其他单据通过邮寄或银行交至进口商，要求进口商付款。

（4）指定航次预计到港前，船公司在目的港的船务代理向进口商发出到港通知单，要求进口商办理进口提货手续。

（5）货物起运后，进口商凭借付款换取的正本提单或副本提单加换单保函或凭"电放保函"至船代处换取提货单（Delivery Order）。

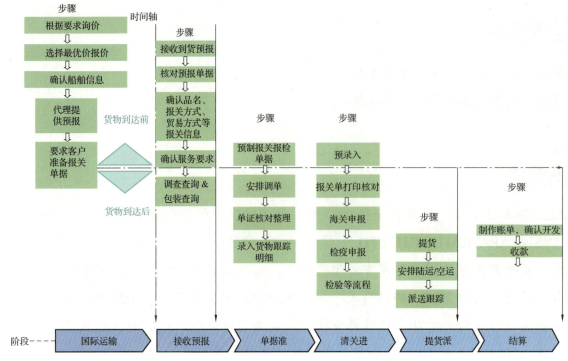

图 5-1-1 进口货物接货操作流程

（6）进口商备齐报检、报关资料，办理进口报检、报关手续。商检合格、海关放行后，进口商自行或委托货代至港口现场提箱、提货。

（7）件杂货情况下，码头仓库收到海关的电子放行信息后，凭进口商或货运代理人出具的船公司的提货单放货。

（8）进口商或其货运代理人安排车队，结清港口相关费用，提取货物。

（9）进口商或其货运代理人将货物提回至进口商仓库，进口业务完成。

（10）整箱货情况下，进口商或其货运代理人安排车队，落实货物出港事宜。

（11）进口商或其货运代理人办理提箱事宜以及汽车运输、理货、放箱等手续。

（12）进口商或其货运代理人办妥相关手续后，凭船公司签发的提货单至码头堆场提箱，交由选定的车队将货物运至进口商指定地点。

（13）整箱货拆箱，将空箱返还空箱堆场，业务流程结束。

注：（7）~（9）项为件杂货海运进口业务流程，（10）~（13）项为整箱货进口业务流程。

任务实施

步骤一：收取单据

进口单证是进口货物在卸船、报关、报检、提货和运输等各船舶进口环节中必不可少的凭证。进口单证分商务单证和船务单证两大类：商务单证有合同、发票、箱单、提单、品质证明书等，船务单证有船图、舱单、提单副本、载货清单和危险货物清单等。

青岛港的船公司在船到港前，装运港随船单据有船图、载货清单、舱单、危险货物清单等船务单据。这些单据明确了青岛港将要卸船的货物及其所在舱位等信息，其中包括这批螺母所在的舱位和目的港。

步骤二：发送到港通知

1. 船代（出口）通知船代（进口）

2021年6月10日，船到港。6月9日，船进锚地时，青岛船代公司收到到港通知。到港通知包括船名航次（MCS ANGLE V0928）和到港的具体时间，以便船公司及港务安排停靠泊位、装卸计划及其他港杂活动，做好提货准备。

2. 船代（进口）通知货代（进口）

青岛船代公司在收到国外船代公司发送的到港通知后，及时通知广峰代理做好提货准备。

3. 货代（进口）通知进口商

广峰代理在收到船代公司的到港通知后，通知进口商长宁制造船名航次、具体的到港时间和船停靠泊位，使其做好提货准备和其他相关操作。

步骤三：编制装卸计划

青岛港的船公司在收到上一港船公司发来的船图单据和到港通知后，及时安排船停靠的泊位和装卸计划。这批螺母装在一个20尺集装箱内，提单号为XMCSQFCKC00051。根据发送来的船图、积载图、舱单，可以清晰地看到这个集装箱的位置，并编制卸货计划。

步骤四：接船接货

船到港后，停靠在港区4-03泊位。2014年6月10日，船代公司和港务、港监共同安排船舶停靠和卸船，全程记录卸货过程。

技能训练

2021年6月签订销售合同之后，德国DOLLAR TREE准备办理租船订舱等相关事宜，并保证货物在约定的时间内装船。

2021年6月30日，宁波向远国际贸易公司收到德国DOLLAR TREE用E-mail发来的货物装船通知，告知宁波向远国际贸易公司，该批合同项下货物已经装船，于6月29日从德

国汉堡港口出发运往宁波；提单将于7月2日寄出，请做好接单接货准备。

宁波向远国际贸易公司收到装船通知后，委托宁波长风国际货运代理有限公司进行该批货物的进口操作。

宁波长风国际货运代理有限公司客服部接到此委托之后，查看随附单据（包含销售合同正本、发票正本、装箱单正本等基础单据，该批货物将于8月底抵达宁波），通知公司进口部准备该批货物的进口接单接货作业。

款号 Item No.	品名 Description of Goods	容器容积 Volume	件数 PCS	数量 Quantity	单价 Price/pcs	总价 Amount（CIF）
RW2010008	VIBERTI RED WINE	750 mL	10 000	2 000 CTN	CIF HAMBURG USD24.00	USD240 000.00
Total				2 000 CTN		USD240 000.00

小故事大道理

习惯与自然

一根小小的柱子，一截细细的链子，拴得住一头千斤重的大象，这是不是很荒谬呢？可这荒谬的场景在印度和泰国随处可见。那些驯象人在大象还是小象的时候，就用一条铁链将它绑在水泥柱或钢柱上，无论小象怎么挣扎都无法挣脱。小象渐渐地习惯了不挣扎，当它长成大象可以轻而易举地挣脱链子时，它也不挣扎。

驯虎人本来也像驯象人一样成功，他让小虎从小吃素，直到小虎长大。老虎不知肉味，自然不会伤人。而驯虎人的致命错误在于他摔了一跤之后让老虎舔净他流在地上的血，老虎一发不可收拾，最终将驯虎人吃了。

小象是被链子绑住，而大象则是被习惯绑住。

老虎曾经被习惯绑住，而驯虎人则死于习惯（他已经习惯于他的老虎不吃人）。

项目五 集装箱货物的进口业务

任务二 进口换单

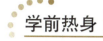

倒签提单欺诈案例

案情简介：

原告诉称：原告与美国AIG, LLC公司签订进口卫生纸切边合同，美国AIG, LLC公司向被告订舱出运货物。货到目的港后，原告提货时发现货物与合同约定不符，实为化纤废料。

原告根据买卖合同的约定，向中国银行青岛分行申请开立了以美国AIG, LLC为受益人、有效期至2021年10月12日的不可撤销90天信用证。根据信用证条款的规定，最后的装船日期为10月5日。

10月28日，原告才被告知货物运抵天津新港。原告怀疑被告倒签提单。庭审中，原告将诉因变更为被告预借提单。原告认为，被告预借提单的行为给发货人美国AIG, LLC公司提供了发出与合同不符货物的机会。被告协助发货人伪造装船提单日期，使发货人恶意换货的欺诈行为得逞，导致原告蒙受重大经济损失，因此提起诉讼。

被告在庭审中辩称：被告签发的539551号正本提单是多式联运提单，符合多式联运提单在接收货物后签发的特点；提单约定的运输方式为IPICY-CY，且由托运人装箱点数施封，原告收到与提单记载不符的货物，实为托运人的欺诈行为，与承运人无关；被告忠实履行了运输义务，原告所称的预借提单没有法律依据。

审理结果：

法院经审理查明，2021年9月13日原告作为买方与美国AIG, LLC公司签订进口卫生纸切边合同。双方约定：价格为CIF（成本费加保险费加运费），总价款51 000美元，支付方式为不可撤销90天信用证；起运港芝加哥，目的港天津新港；由美国AIG, LLC公司负责订舱。

9月17日，原告向中国银行青岛分行申请开立了以美国AIG, LLC为受益人、有效期至2021年10月12日的不可撤销90天信用证。根据信用证条款的规定，最后的装船日期为10月5日。10月5日被告作为承运人签发了提单，提单载明：托运人AIG, LLC；收货人凭指示；接货地伊利诺伊州芝加哥；承运船舶"新秦皇岛"轮00040航次；装货港美国加利福尼亚州洛杉矶港；卸货港中国天津新港；运输方式IPICY-CY；提单签发地点和日期伊利诺伊州芝加哥2021年10月5日。"新秦皇岛"轮10月2日抵达洛杉矶锚地，

10月6日开始装货,10月9日装货完毕,离开洛杉矶港,10月20日抵达上海港,原告货物转"国泰"轮于10月27日运抵天津新港。

另查明,原告在10月19日到银行承兑并拿到提单,后发现缺少CCIC商检证书,按照国家进口废纸的规定,没有出运港的CCIC商检证书,货物不能在目的港通关。原告于10月29日向天津CCIC申请补办CCIC商检证书,天津CCIC检验结果是该批货物主要为无纺布,其他为木浆和高分子吸收体。上述货物不符合中国环境保护标准的规定,我国海关责令货主退运该批货物,不准许该批货物入关。

再查明,《关于加强承运进口废物管理的规定》第三条规定:承运我国允许进口的废物的承运人必须在托运人、发货人或其代理人满足下列四个条件后方可接受订舱:(一)提供我国国家环境保护局签发的进口废物批准证书;(二)提供我国商检机构或我国国家商检局指定或认可的检验机构签发的进口废物装运前检验合格证明;(三)提供贸易合同的正本复印件或其编号,或收货人的书面确认;(四)提供收货人的详细名称、地址。《关于加强承运进口废物管理的规定》第四条规定:承运人应签发记名提单,不得签发指示提单。本案被告没有要求托运人提供我国商检机构或我国国家商检局指定或认可的检验机构签发的进口废物装运前检验合格证明,签发的提单是指示提单。

法院在查明事实的基础上促成当事人达成调解协议:①原告确认自己为本案所涉货物(在天津新港,未报关)的收货人;②原告承认在货物的进口和赎单等环节均有过错;③被告承认在承运过程中违反了《关于加强承运进口废物管理的规定》第三条第一款第(二)项和第四条;④被告考虑到原、被告双方的过错,同意支付人民币40万元给原告,作为原告货款和履行本协议第五条、第六条约定义务的全部费用(在签订协议后7天内支付人民币10万元,余款在原告履行完本协议第六条约定义务后7个工作日内一次性付清);⑤原告负责处理包括但不限于货物的退运、转运或罚没事宜,并承担由此产生的全部后果。原告保证本人或任何第三人在处理货物退运、转运或罚没事宜时不给被告带来法律上的任何不良的或消极的影响;⑥原告承诺在本协议签订之日起10日内将所占用被告的10个集装箱无条件交付被告。如原告不能在上述期间交付被告集装箱,则原告由此承担自2020年2月28日后产生的滞箱费用。滞箱费用按被告最新公布的滞箱费用标准计算加倍收取,在此之前的滞箱费用免除;⑦原告承担本案全部保全、诉讼费用。

任务重难点

重点: 集装箱货物进口换单流程。

难点: 集装箱货物进口提货单的填制和流转。

项目五　集装箱货物的进口业务

任务描述

2021年5月1日，青岛长宁机械制造公司（以下简称长宁制造）从马来西亚（HAYU MALAYSIA APPARATUS PTE LTD.）进口一批机械螺母（型号为M12L24）。双方签订了贸易合同，成交方式为FOB，结算方式为信用证。此批机械螺母供外贸自营内销。

由于成交方式为FOB，进口商长宁制造负责运输和保险业务。2021年5月15日，长宁制造委托出口地货代公司从出口地丹戎帕拉帕斯港租船订舱；5月30日这批螺母顺利装船，签发提单。2021年6月10日船到港。广峰代理和长宁制造在获得到港通知之后，长宁制造开始为提货做准备，首先需要完成换取提货单的工作。

集装箱号：CCLU2832761*（1）。

泊位：港区4-03。

商品数量：每100个10千克，共1 000千克。

包装种类：纸箱。

包装说明：每10千克一个包装，共100个包装箱，每4小箱装在一个大包装内，共25箱。

知识云集

换取提货单的一般程序：

（1）进口商需到船公司财务缴清相关费用，并提供缴费凭证。

（2）向船公司提供客户代码，若为新客户，申请新客户代码。

（3）办理换单所需手续，具体如下：

①正本提单换提货单：客户凭背书齐全的正本提单换取提货单。

②银行担保换提货单：如船公司同意收货人凭银行担保提货，且出具保函，银行在船代有相关备案，客户凭无正本提单提货保函和提单副本换取提货单。收货人应在收到正本提单后及时将其归还船公司以换回无正本提单提货保函。

③电放形式换单：如船公司同意收货人以电放形式提货，客户凭电放保函或凭盖章签字的电放提单换取提货单。

④特殊业务，请参照船公司具体指示。

任务实施

步骤一：付款赎单

本批货物以信用证作为结算工具，在收到当地开证银行的付款通知书后，进口商长宁制

105

造及时到当地开证银行向出口商所在地的议付银行按照信用证规定的金额付清货款，并取回相应提单。如果以托收或汇付作为货款结算工具，就不需要到开证行付款赎单。长期合作伙伴可以接受货到付款，直接邮寄提单；或者可以先预付货款，然后邮寄单据，顺利提货后，再付清剩余货款。

步骤二：换取提货单

在开证行顺利赎单之后，在提货之前需要将提单换成提货单才能够完成通关和提货。

收货人凭提单正本或副本连同有效的担保向承运人或其代理人换取提货单的，可向港口装卸部门提取货物的凭证。发放提货单时应做到：①正本提单为合法持有人所持有；②提单上的非清洁批注应转上提货单；③当发生溢短残情况时，收货人有权向承运人或其代理人获得相应的签证；④运费未付的，在收货人付清运费及有关费用后，方可发放提货单。

步骤三：确认交纳运费

在向船代公司换单时，首先应审核提单正本上标注的运费是到付还是预付。这里主要完成的是运费的确认，如果是到付就要去财务交运费，交完运费之后，正本提单上就会加盖运费付讫章；如果是预付就不用交运费。

在本案例中，从长宁制造所持有的提单上可以看到运费是预付，标有"Freight prepaid"，所以这一步可以省略，在正本提单上加盖运费付讫章即可进行下一步操作。

步骤四：确认交纳押箱费

在运费付讫确认之后，提货的车队需要到船代箱管科交押箱费，此时会换取一个设备交接单，同时会在正本提单上加盖押箱章。首先凭提单复印件盖收货人章及车队章。进口押箱相关费用如表5-2-1所示。

表5-2-1 进口押箱相关费用

集装箱类型	免费用箱期	押箱费（万元）	期限	前11~20天	21~40天	40天以上
普通箱	10天	小箱：押1	滞箱费	USD5/天	USD10/天	USD20/天
		大箱：押2		USD10/天	USD20/天	USD40/天
冷箱	4天	—	期限	前5~10天	11~20天	20天以上
		小箱：押1.5	滞箱费	USD20/天	USD35/天	USD70/天
		大箱：押3		USD40/天	USD70/天	USD140/天
高箱	7天	—	期限	8~15天	16~40天	40天以上
		押3	滞箱费	USD14/天	USD25/天	USD50/天

项目五 集装箱货物的进口业务

广峰代理的车队向相关部门交纳1万元的押箱费之后,即有10天的免费用箱期,在这段时间内要完成送货和还箱才能不交额外滞箱费。

步骤五:换单凭证

交纳押箱费之后,在正本提单上就加盖有运费付讫章、押箱章两个签章,接着就要办理持单换单。在这份正本提单中,收货人栏目为"TO ORDER"。按照业务操作标准,有发货人背书和一份正本提单或三份正本提单即可换取提货单。进口方提单换提货单如表5-2-2所示。

表5-2-2 进口方提单换提货单

提单收货人栏目	进口方对应提单
TO ORDER	发货人背书+一份正本提单/三份正本提单
收货人自己	收货人背书(发货人不用背书)或者三份正本提单
电放提单	收货人电放保函和提单副本一份(正、副本提单复印件或副本提单)

船代公司收到发货人背书的加盖有运费付讫章、押箱章的三份正本提单后,船代公司便可顺利换取提货单(图5-2-1)。

提 货 单			
海关编号			126009441
收货人: QingDao ChangNing Machinery Manufacturing Company Tel:0532-7946765 Fax:0532-7946765		下列货物已办妥手续,运费结清,准予交付收货人	
船名: MCS ANGLE	航次: V0928	起运港: TANJUNG PELEPAS	目的港: QINGDAO
提单号: XMCSQFCKC00051	交付条款: CY-CY	第一程运输:	
集装箱号: mcsU0512532*1(1)	箱数: 25箱	换单日期: 2021.06.10	卸货地点: 青岛港
集装箱号,铅封号	货物名称	件数与包装	重量	体积
mcsU0512532*1(1)	螺母	25箱	1 000 KGS	26.4 m³

图5-2-1 提货单

收货人章：	海关章：		
			船代 提货专用章

注意事项：
  1. 本提货单需要有船代（船公司）放货章和海关放行章后方始有效。凡属法定检验检疫的进口商品，必须向检验检疫机构申报。
  2. 货物超过港存期，码头公司可以按有关规定处理。在规定期间无人提取的货物，按《中华人民共和国海关法》和国家有关规定处理。

图 5-2-1　提货单（续）

提单的抬头有以下三种：

（1）90% 的抬头是"TO ORDER"（必须填写通知方），目的是控制物权、便于转让，并在船到港两三天前通知货已到港。

（2）"TO ORDER" 又分为两种，即"TO ORDER OF SHIPPER"和"TO ORDER OF ** BANK（指定代收行）"，需要发货人背书或者收货人持三份正本提单才可以提货。

（3）电放（TELEX RELEASE）：针对近洋国家之间的运输而提出的。

由于近洋国家之间运输距离比较短，等签发提单后船就基本到目的港了，来不及将提单邮寄给收货人或者通知方，用正本提单很不现实，于是就提出了使用电放手续换取提货单的方式。

实际操作中，办理电放提单时，出口商出电放保函给船方，此时船公司给目的港船公司发传真，在舱单上批注"此票货物办理电放"。进口商持提单复印件和收货人电放保函即可提货。注意，在使用电放提单时，提单上必须填写收货人。

技能训练

天津津贸国际贸易有限公司是一家专门从事服装和饰品进出口贸易的公司。2021 年 9 月，天津津贸国际贸易有限公司准备从日本宏展贸易公司进口一批男士制服，委托当地国泰物流有限公司代理该批货物的海运进口报关提货事宜。

项目五　集装箱货物的进口业务

2021年9月10日，天津津贸国际贸易有限公司与日本宏展贸易公司签订服装进口合同，采用CIF贸易术语。签订合同后日本宏展贸易公司即着手办理海运订舱事宜。

2021年9月25日，日本宏展贸易公司向天津津贸国际贸易有限公司发出货物装运通知，通知上标明货物已经于9月23日从日本横滨港运往天津港，并通知天津津贸国际贸易有限公司准备办理货物进口手续。

2021年9月26日，天津津贸国际贸易有限公司向国泰物流有限公司发出海运进口代理委托书，委托该公司代理其办理货物进口提货手续。

国泰物流有限公司业务员接到天津津贸国际贸易有限公司发来的委托书后随即联系承载该批货物的船公司确认该船舶动态。2021年9月29日，船公司向国泰物流有限公司发来该批货物的到港通知书，相关信息如下：

货物提单号：SYTUNG705041058。

船名航次号：COSCO BRIGHT V.1001E。

集装箱箱型：20′GP。

箱量：1。

货物预计到港日：2021年10月3日。

换单时间、地点：8:00—11:00、13:00—16:00，天津港新港大道58号程云写字楼8A-3室。

换单费用：人民币300元/票。

请根据以上信息分析国泰物流有限公司如何办理进口换单手续。

小故事大道理

马

马，本来自由自在地在山间驰骋，渴了喝点山泉，累了就睡在地上晒太阳，无忧无虑。可是自从有了伯乐，马的命运就改变了，它的头戴上了笼辔，它的背上置放了鞍具，终日被拴着，这已经使马的死亡率达十之二三了。然后，伯乐逼着它运输东西，强迫它日行千里，给它的脚钉上铁掌，于是马的死亡率过半了。

本来，让马汲取日月之精华、天地之灵气，无用无为，它还能享尽天年；教化它，让它懂得礼法，反而害了它的性命。

任务三　通关放行

学前热身

特殊进口货物完税价格的审定

特殊进口货物完税价格的审定主要涉及一些以特殊的贸易方式或交易方式进口的货物的价格审定。这里所讲的"特殊"并不是指货物本身，而是指以特殊的贸易方式、成交方式进口的货物。

（一）加工贸易进口料件和制成品的完税价格

加工贸易进口货物估价的核心问题是按制成品征税还是按料件征税，以及征税是在进口环节还是在内销环节。相关规定主要有：

（1）进口时需征税的进料加工进口料件，以该料件申报进口时的价格估定。进口时需征税的进料加工进口料件主要是指需要按比例征税的进料加工进口料件。一般来讲，进料加工进口料件在进口环节都有成交价格，因此以该料件申报进口时的价格确定。

（2）内销的进料加工进口料件或其制成品（包括残次品、副产品），以料件原进口时的价格估定。制成品因故转为内销时，以制成品所含料件原进口价格确定。

（3）内销的来料加工进口料件或其制成品（包括残次品、副产品），以料件申报内销时的价格估定。来料加工的料件原进口时是没有成交价格的，因此以进口料件申报内销时的价格确定。

（4）出口加工区内的加工企业内销的制成品（包括残次品、副产品），以制成品申报内销时的价格确定。

（5）保税区内的加工企业内销的进口料件或其制成品（包括残次品、副产品），以制成品申报内销时的价格估定。如果内销的制成品中含有从境内采购的料件，则以所含从境外运入的料件进口时的价格确定。

（6）加工贸易在加工过程中产生的边角料，以申报内销时的价格确定。

（二）从保税区进入非保税区、从出口加工区运往区外、从保税仓库出库内销的非加工贸易货物的完税价格

从保税区或出口加工区销往区外、从保税仓库出库内销的进口货物（加工贸易进口料件及其制成品除外），以海关审定的从保税区或出口加工区销往区外、从保税仓库出库内销的价格估定完税价格。对经审核销售价格不能确定的，海关按照《中华人民共和国海关审定进出口货物完税价格》第七条至第十一条的规定确定完税价格。如果销售价格

中未包括在保税区、出口加工区或保税仓库中发生的仓储、运输及其他相关费用，海关按照客观量化的数据资料予以计入。

（三）出境修理货物的完税价格

运往境外修理的机械器具、运输工具或其他货物，出境时已向海关报明，并在海关规定期限内复运进境的，海关以审定的境外修理费和料件费以及该货物复运进境的运输及其相关费用、保险费确定完税价格。

（四）出料加工进口货物的完税价格

运往境外加工的货物，出境时已向海关报明，并在海关规定期限内复运进境的，海关以审定的境外加工费和料件费以及该货物复运进境的运输及其相关费用、保险费确定完税价格。

（五）暂时进口货物的完税价格

对于经海关批准的暂时进境的货物，按照《中华人民共和国海关审定进出口货物完税价格》第六条至第十一条的规定确定完税价格。

（六）租赁进口货物的完税价格

（1）以租金方式对外支付的租赁货物在租赁期间以海关审定的租金作为完税价格。

（2）留购的租赁货物以海关审定的留购价格作为完税价格。

（3）承租人申请一次性缴纳税款的，经海关同意，按照《中华人民共和国海关审定进出口货物完税价格》第二章的规定确定完税价格。

（七）留购的进口货样、展览品和广告品的完税价格

对于境内留购的进口货样、展览品和广告陈列品，以海关审定的留购价格作为完税价格。

（八）特定减免税货物的完税价格

减税或免税进口的货物需补税时，海关以审定的该货物原进口时的价格扣除折旧部分价值作为完税价格。

（九）其他特殊进口货物的完税价格

以易货贸易、寄售、捐赠、赠送等其他方式进口的货物，海关按照《中华人民共和国海关审定进出口货物完税价格》第七条至第十一条的规定确定完税价格。

任务重难点

重点： 集装箱货物进口通关放行流程。

难点： 进口集装箱货物报关所需材料的准备，进口集装箱货物海关监管条件及内容。

任务描述

2021年5月1日,青岛长宁机械制造公司(以下简称长宁制造)从马来西亚(HAYU MALAYSIA APPARATUS PTE LTD.)进口一批机械螺母(型号为M12L24)。双方签订了贸易合同,成交方式为FOB,结算方式为信用证。此批机械螺母供外贸自营内销。

由于成交方式为FOB,进口商长宁制造负责运输和保险业务。2021年5月15日,长宁制造委托出口地货代公司从出口地丹戎帕拉帕斯港租船订舱;5月30日,这批螺母顺利装船,签发提单。2021年6月10日船到港。广峰代理受长宁制造委托,已经顺利从船代公司处换取了提货单。若想提货,需经通关海关放行之后才能进行。广峰代理需要完成报关报检工作。

集装箱号:CCLU2832761*(1)。

泊位:港区4-03。

商品数量:每100个10千克,共1 000千克。

包装种类:纸箱。

包装说明:每10千克一个包装,共100个包装箱,每4小箱装在一个大包装内,共25箱。

附加信息:

螺母商品(H.S.)编码:73181600。

毛重:1 070.00 KGS。

净重:1 000.00 KGS。

包装种类:纸箱。

申报日期:2021年6月12日。

青岛长宁机械制造公司企业编号:3122213110。

合同协议号:SH0710001-16HH024。

用途:企业自用。

商品单价:USD200.00/10千克。

运费:502/2 000/3。

保费:000/0.03/1。

征税性质:一般征税。

进口口岸:青岛海关(2210)。

知识云集

（一）进口报关流程（图 5-3-1）

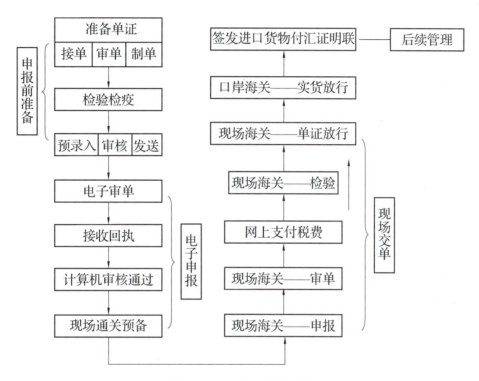

图 5-3-1　进口报关流程

1. 确定贸易付款方式

对于一般贸易进口，首先要确定付款方式是 T/T 还是 L/C。如果是 L/C，就要先开信用证，开完信用证后确定进口的船期，船到以后开始进行进口操作。

2. 进口报关准备

（1）要得到国外客户的提单、发票、箱单，如果是从韩国和日本进口货物，还必须有非木质包装证明。

（2）以提单到船公司换单，也就是拿提单从船公司换回该批货物的提货单。提货单上有公司进口货物的详细的船务信息。

（3）需要提前做商检的进口货物，还要到商检局做商检，实际上换单和商检应该提前进行。如果进口的货物不需要商检，这一步可以省略。通常进口的货物是否需要商检可以通过商品编码书自行查询。

（4）换完单以后，填好进口报关单给货代进行报关。报关所需的资料有发票、箱单、从船公司换回的提货单、报关委托书、进口货物报关单。货物需要商检的还要有商检证。

3. 配合海关查验

海关查验是指海关为确定进出境货物收发货人向海关申报的内容是否与进出口货物的真实情况相符，或者为确定商品的归类、价格、原产地等，依法对进出口货物进行实际核查的执法行为。海关通过查验，检查报关单位是否伪报、瞒报、申报不实，同时为征税、统计、后续管理提供可靠的资料。

4. 缴纳进口关税

对于一般进口货物，关税都需要用支票缴纳。缴纳关税一般到中国银行，缴纳完关税以后，银行会在缴款书上盖章。

5. 海关通关放行

（1）进口方将缴款书交给货代，然后由货代交给海关通关放行，这就是通常说的一次放行。

（2）海关收到关税以后会在提货单上盖放行章，拿着盖有放行章的提货单到船公司所在的码头提货，这就是通常说的二次放行。

（二）进口报关材料

准备申报单证是报关员进行报关工作的第一步，是整个报关工作能否顺利进行的关键一步。申报单证可以分为报关单和随附单证两大类，其中随附单证包括基本单证和特殊单证。

报关单是由报关员按照海关规定格式填制的申报单，是指进出口货物报关单或者带有进出口货物报关单性质的单证，如特殊监管区域进出境备案清单、ATA 单证册、过境货物报关单、快件报关单等。任何货物的申报都必须有报关单。

（1）基本单证：指进出口货物的货运单据和商业单据，主要有进口提货单据、出口装货单据、商业发票、装箱单等。一般来说，任何货物的申报都必须有基本单证。

（2）特殊单证：主要有进出口许可证件、加工贸易手册（包括纸质手册、电子账册和电子化手册）、特定减免税证明、作为有些货物进出境证明的原进出口货物报关单证、出口收汇核销单、原产地证明书、贸易合同等。某些货物的申报必须有特殊单证，如租赁贸易货物进口申报必须有租赁合同，其他货物进口申报则不一定需要贸易合同。所以，贸易合同对于租赁贸易货物申报来说是一种特殊单证。

进出口货物收发货人或其代理人应向报关员提供基本单证、特殊单证，报关员审核这些单证后据此填制报关单，包括报验申请单、正本箱单发票、合同、进口报关单各两份。

准备申报单证的原则有基本单证、特殊单证必须齐全、有效、合法，报关单的填制必须真实、准确、完整，报关单与随附单证数据必须一致。主要相关单证如下：

①进口货物报关单。一般进口货物应填写一式两份；需要由海关核销的货物，如加工贸易货物和保税货物等，应填写专用报关单一式三份。

②货物发票。要求份数比报关单少一份，货物进口委托国内销售方式是待货物销售后按实销金额向出口单位结汇的，进口报关时可准予免交。

③陆运单、空运单和海运进口的提货单及海运出口的装货单。海关在审单和验货后，在正本货运单上签章放行，退还报关行，凭此提货或装运货物。

④货物装箱单。其份数同发票，但是散装货物或单一品种且包装内容一致的件装货物可免交。

⑤出口退税核销单。一切出口货物报关时，都应交验外汇管理部门加盖监督收汇章的出口收汇核销单，并将核销编号填在每张出口报关单的右上角。

⑥海关认为必要时，还应交验贸易合同、货物产地证书等。

⑦其他有关单证，包括：

a. 经海关批准准予减税、免税的货物，应交验海关签章的减免税证明，北京地区的外资企业需另交验海关核发的进口设备清单。

b. 按已向海关备案的加工贸易合同进出口的货物，应交验海关核发的登记手册。

任务实施

步骤一：收集单据

长宁制造收到出口商寄来的全套正本单据（贸易合同、发票、箱单等）之后，将其交予广峰代理委托其办理通关手续。

步骤二：报关委托

长宁制造委托广峰代理办理出口报关手续，首先确认了商品编码（73181600），通过查阅得知监管条件为B。出口商品已经过法定商检，办理进口业务不需要法检，并提供通关单。长宁制造填写代理报关委托书（图5-3-2），并将单据交予广峰代理委托其办理报关手续。

代理报关委托书

我单位（A 逐票、B 长期）委托贵公司代理 ABCD 等通关事宜（A、填单申报 B、辅助查验 C、点缴税款 D、办理海关证明联 E、审批手册 F、核销手册 G、申办减免税款 H、其他）。详见《委托报关协议》。

我单位保证遵守《中华人民共和国海关法》和国家有关法规，保证所提供的情况属实、完整，单货相符，无侵犯他人知识产权的行为。否则，愿承担相关法律责任。

本委托书有效期自签字之日起至　　年　　月　　日止。

委托方（盖章）：青岛长宁机械制造公司

法定代表人或其授权签署《代理报关委托书》的人（签字）：×××

2021 年 6 月 12 日

委 托 报 关 协 议

为明确委托报关具体事项和各自责任，双方经平等协商签订协议如下：

委托方	青岛长宁机械制造公司	被委托方	青岛广峰国际货运代理有限公司
主要货物名称	M12L24 螺母	报关单编码	****
H.S.编码	73181600	收到单证日期	****
货物总价		收到单证情况	合同■　　发票■ 装货清单■　　提单■ 加工贸易手册□　　许可证号□ 其他 核销单 通关单
进出口日期	2021 年 6 月 10 日		
提单号	***		
贸易方式	一般贸易		
原产地	马来西亚	报关收费	人民币：　　***　　元
其他要求：		承诺说明：	
背面所列通用条款是本协议不可分割的一部分，对本协议的签署构成了对背面通用条款的同意		背面所列通用条款是本协议不可分割的一部分，对本协议的签署构成了对背面通用条款的同意	
委托方业务签章： 　青岛长宁机械制造公司 　　××× 经办人签章： 联系电话：		被委托方业务签章： 　青岛广峰国际货运代理有限公司 经办人签章： 联系电话：	

图 5-3-2　代理报关委托书

此处如果监管条件是 A 或者 A/B，就需要办理法检手续。必须经商检机构检验，向商检机构办理进口商品登记，才能获得通关单。

项目五 集装箱货物的进口业务

步骤三：填写进口报关单

广峰代理根据长宁制造提供的单据，填制进口报关草单，如图 5-3-3 所示。

进口口岸 青岛海关 2210		备案号		进口日期 20210610	申报日期 20210612
经营单位 青岛长宁机械制造公司 3122213110		运输方式 2		运输工具名称 MCS ANGLE V0928	提运单号 XMCSQFCKC00051
收货单位 青岛长宁机械制造公司 3122213110		贸易方式 一般贸易 0110		征免性质 一般征税	征税比例
许可证号		起运国（地区） 马来西亚		装货港 丹戎帕拉帕斯	境内目的地 青岛
批准文号 WDF433434343	成交方式 FOB	运费 502/2 000/3		保费 000/0.03/1	杂费
合同协议号 SH0710001-16HH024	件数 100	包装种类 纸箱		毛重 1 070.00 KGS	净重 1 000.00 KGS
集装箱号 CCLU2832761*（1）	随附单据：入境货物通关单 合同 发票 装箱单 自动进口许可证 提单 提货单				用途 企业自用
标记唛码及备注					
项号	商品编号	商品名称、规格型号	数量及单位	原产国（地区） 单价 总价 币制	征免
	73181600	螺母	1 000 KGS	马来西亚 200.00 20 000.00 USD	照章征税
税费征收情况					
录入员 录入单位		兹声明以上申报无讹并承担法律责任 申报单位（签章）		海关审单批注及放行日期（签章）	
报关员				审单 审价	
				征税 统计	
单位地址					
邮编 电话 填制日期				查验 放行	

图 5-3-3 报关草单

117

步骤四：发送单据

广峰代理登录中国电子口岸到海关预录入中心预录入货物信息，进行电子申报。

步骤五：审单

电子申报的货物信息会通过海关内部系统传输给海关审单中心，海关审单中心审核通过后，再将报关单及随附单证（如合同、发票、箱单、提货单正本和提单副本）递交给海关书面审核。

海关审核完成后，核对计算机系统计算的税费，开具税费缴款书和收费票据。广峰代理在规定时间内持缴款书和收费票据向指定的银行办理税费缴纳手续，也可以登录中国电子口岸在网上缴纳。广峰代理通过中国电子口岸接收海关发出的税费缴款书和收费票据，在网上向签有协议的银行电子支付税费。广峰代理收到银行缴款成功的信息后，报请海关办理货物放行手续。

审核通过后，海关在进口货物提货单上签盖海关放行章，同时在电子系统中确认放行，使该货物可以通过电子闸门。广峰代理签收提货单（图 5-3-4），凭此提取进口货物或将出口货物装运到运输工具上离境。

提 货 单			
海关编号			126009441
收货人： QingDao ChangNing Machinery Manufacturing Company Tel：0532-7946765 Fax：0532-7946765		下列货物已办妥手续，运费结清，准予交付收货人	
船名： MCS ANGLE	航次： V0928	起运港： TANJUNG PELEPAS	目的港： QINGDAO
提单号： XMCSQFCKC00051	交付条款： CY-CY	第一程运输：	
集装箱号： mcsU0512532*1（1）	箱数： 25 箱	换单日期： 2021.06.10	卸货地点： 青岛港
集装箱号，铅封号	货物名称	件数与包装	重量	体积
mcsU0512532*1（1）	螺母	25 箱	1 000 KGS	26.4 m^3

图 5-3-4 提货单

项目五　集装箱货物的进口业务

收货人章：	海关章：		
	海关放行章		船代提货专用章
注意事项： 　1. 本提货单需要有船代（船公司）放货章和海关放行章后方始有效。凡属法定检验检疫的进口商品，必须向检验检疫机构申报。 　2. 货物超过港存期，码头公司可以按有关规定处理。在规定期间无人提取的货物，按《中华人民共和国海关法》和国家有关规定处理。			

图 5-3-4　提货单（续）

如果海关在审单过程中发现问题，将送查验科查验。现场查验后，决定是否放行。

步骤六：报验

海关通关放行后应去三检大厅办理三检，需向大厅内的代理报验机构提供箱单、发票、合同、报关单，由其代理报验。报验后，可统一在大厅内窗口缴费，并在白色提货单上盖三检放行章（图 5-3-5）。

提　货　单			
海关编号			126009441
收货人： QingDao ChangNing Machinery Manufacturing Company Tel：0532-7946765 Fax：0532-7946765			下列货物已办妥手续，运费结清，准予交付收货人
船名： MCS ANGLE	航次： V0928	起运港： TANJUNG PELEPAS	目的港： QINGDAO
提单号： XMCSQFCKC00051	交付条款： CY-CY	第一程运输：	
集装箱号： mcsU0512532*1（1）	箱数： 25 箱	换单日期： 2021.6.10	卸货地点： 青岛港
集装箱号，铅封号	货物名称	件数与包装	重量（KGS）	体积
mcsU0512532*1（1）	螺母	25 箱	1 000 KGS	26.4 m³

图 5-3-5　加盖三检放行章

国际货运代理

收货人章：	海关章：		
	海关 放行章	检验 检疫章	船代 提货专用章
注意事项： 　1. 本提货单需要有船代（船公司）放货章和海关放行章后方始有效。凡属法定检验检疫的进口商品，必须向检验检疫机构申报。 　2. 货物超过港存期，码头公司可以按有关规定处理。在规定期间无人提取的货物，按《中华人民共和国海关法》和国家有关规定处理。			

图 5-3-5　加盖三检放行章（续）

步骤七：通关放行

获得盖有海关放行章、检验检疫章、船代提货专用章的提货单即表示通关放行，在收到提货通知之后即可顺利提货。

技能训练

连线题：

相关名称	名称解释
报关	进出境运输工具负责人、进出口货物收发货人、进出境物品的所有人或者他们的代理人向海关办理运输工具、货物、物品进出境手续及相关手续的全过程。
对外贸易经营者	海关根据国家的政策规定准予减税、免税进口使用于特定地区、特定企业、特定用途的货物。
特定减免税货物	依法办理工商登记或者其他执业手续，依照《中华人民共和国对外贸易法》和其他有关法律、行政法规、部门规章的规定，从事对外贸易经营活动的法人、其他组织或者个人。
协调制度	国家管理货物进出口的凭证，不得买卖、转让、涂改、伪造和变造。
进出口许可证	在《海事合作理事会税则商品分类目录》和联合国《国际贸易标准分类》的基础上，协调国际上多种商品分类目录而制定的一部多用途的国际贸易商品分类目录。

项目五　集装箱货物的进口业务

小故事大道理

留个缺口给他人

一位著名企业家在做报告时，一位听众问："你在事业上取得了巨大的成功，请问，对你来说，最重要的是什么？"

企业家没有直接回答，他拿起粉笔在黑板上画了一个圈，只是并没有画圆满，留下一个缺口。他反问道："这是什么？""零""圈""未完成的事业""成功"……台下的听众七嘴八舌地答道。

他对这些回答不置可否："其实，这只是一个未画完整的句号。你们问我为什么会取得巨大的成功，道理很简单：我不会把事情做得很圆满，就像画个句号一定要留个缺口，让我的下属去填满它。"

留个缺口给他人，并不是因为自己的能力不强。实际上，这是一种管理智慧，是一种更高层次的带有全局性的圆满。

任务四　进口提货

学前热身

2021中国十大港口如表5-4-1所示。

表5-4-1　2021中国十大港口

名次	港名	集装箱吞吐量（万TEU[①]）
1	上海港	3899
2	宁波-舟山港	2672
3	深圳港	2379
4	广州港	1992
5	青岛港	1987
6	天津港	1760
7	厦门港	1000
8	北部湾港	477
9	日照港	431
10	大连港	418

注：统计依据为2021年前10个月的港口集装箱吞吐量

---

① TEU是Twenty-fell Equivalent Unit的缩写。是以长度为20英尺的集装箱为国际计算单位，也称国际标准箱单位。

任务重难点

重点： 集装箱货物进口提货流程。

难点： 集装箱货物进口提货注意事项。

任务描述

2021年5月1日，青岛长宁机械制造公司（以下简称长宁制造）从马来西亚（HAYU MALAYSIA APPARATUS PTE LTD.）进口一批机械螺母（型号为M12L24）。双方签订了贸易合同，成交方式为FOB，结算方式为信用证。此批机械螺母供外贸自营内销。

由于成交方式为FOB，进口商长宁制造负责运输和保险业务。2021年5月15日，长宁制造委托出口地货代公司从出口地丹戎帕拉帕斯港租船订舱；5月30日这批螺母顺利装船，签发提单。2021年6月10日船到港。广峰代理已经替长宁制造顺利完成通关放行业务，在提货单上加盖了海关放行章和检验检疫合格章，这意味着长宁制造可以顺利地从船代公司或船方处提取装箱货物。现在需要顺利完成货物的提箱、掏箱作业。

集装箱号：CCLU2832761*（1）。

泊位：港区4-03。

商品数量：每100个10千克，共1 000千克。

包装种类：纸箱。

包装说明：每10千克一个包装，共100个包装箱，每4小箱装在一个大包装内，共25箱。

知识云集

（一）进口货物现场放行与结关

进口货物的现场放行一般由海关在进口货物提货凭证上加盖海关放行章，进口货物收货人或其代理人签收提货凭证，凭以提取进口货物。

结关是指进口货物由收货人或其代理人向海关办理完所有海关手续，履行法律规定的与进口有关的一切义务，海关对进口货物不再进行监管。

对于一般进口货物，海关的进境现场放行就等于结关。对于保税货物、特定减免税货物、暂准进境货物等，放行时进口货物的收货人或其代理人并未全部办理完所有海关手续，海关还需对此类货物在一定期限内进行监管,所以此类货物的进境放行不等于结关。

(二)提取货物

提取货物指进口货物收货人或其代理人凭加盖海关放行章戳记的进口提货凭证(提单、提货单、运单等),到货物进境地的港区、机场、车站等地的海关监管仓库办理提取货物的手续。

(三)申请签发报关单证明联

进口货物收货人或其代理人办理完提取货物手续后,如需要海关签发有关货物进口证明联,均可向海关提出申请。常见的证明有:

(1)进口付汇证明。

对需要在银行或国家外汇管理部门办理进口付汇核销的进口货物,报关人员应当向海关申请签发进口货物报关单付汇证明联。海关经审核,对符合条件的,在进口货物报关单上签名,加盖海关验讫章发给报关人员,同时通过中国电子口岸执法系统向银行和外汇管理部门发送证明联电子数据。

(2)进口货物证明书。

对进口汽车、摩托车等,报关人员应当向海关申请签发进口货物证明书,进口货物收货人凭以向国家交通管理部门办理汽车、摩托车的牌照申请手续。

海关签发进口货物证明书的同时,将进口货物证明书上的内容通过计算机发送给海关总署,再传输给国家交通管理部门。

(四)提货操作的注意事项

(1)对于进口商换单时间的把握,可以关注船代递交进口商的到货通知书,也可以关注船代公布的换单时间表,按照规定时间办理换单手续。

(2)换单操作应遵循以下规定:

①凭加盖公司公章(法人章)的正本提单至承运人在港区的船代处办理提货手续,同时要注意公章与收货人英文抬头的一致性;如电报放货或 SEA WAYBI11,凭提单副本(加盖法人公章)及收货人正本保函办理提货。

②凡运费到付的进口货物,进口商应及时至船代处开具美元费用发票,办理银行划账,费用到账后方可换领提货单。

③进口危险品(C1ASS1/2/7)、超重或超大件的客户应主动提前与船代和港口有关部门联系,做好现场接货准备。一般货物的装卸采用"仓库接货,集中装船;集中卸货,仓库交

货"的方式。但特殊物品，如危险品、超重或超大商品、贵重物品等需要现场交接，所以必须在货物到港前办好换单手续，现场接货。

④前来换单的人员应在提单上填好联系人姓名、电话号码。

（3）如果未在规定的时间内提货，港区将向进口商收取额外的费用。货物如在三个月内不申报提取，将被视为无主货处理。

任务实施

步骤一：码头卸货

船舶到达对应的港区之后，船方已经申请理货公司代表船方与提货方交接货物，长宁制造在接到广峰代理的提货通知后到提货现场，同时与广峰代理在现场监卸。双方密切配合，保证货物数量和质量，并对有残损的货物进行记录。卸货完成之后，船方、理货方、港监等会将记录向站方办理交接。

在卸货时，如果是危险货物或是大件货物要申请危申和船放，实现车船直取。如果是进库待提货物，即拼箱货物，要按照提单、标记分别堆放，待换取提货单之后，即可提货。

步骤二：核实单据

提货时，货代需手持盖有海关放行章、提货专用章、检验检疫合格章的提货单，核实提货单上有这些必备内容后才可以提货。

步骤三：堆场提箱

船方卸货之后，长宁制造持提货单到堆场提箱，提箱过程中与堆场有关人员共同检查箱体有无重大残破。如有，则要求港方在设备交接单上签残。

步骤四：场地掏箱

长宁制造将重箱由堆场提到场地工厂后，在免费用箱期内（2021年6月20日前）及时掏箱，以免产生滞箱费。

货物提清后，从场站取回设备交接单证明箱体无残损，去船公司或船舶代理部门取回押箱费。

项目五 集装箱货物的进口业务

技能训练

连线题：

相关名称	名称解释
D/O	货物装船完毕后，由船长根据大副收据或提单副本编制的一份按卸货港顺序逐票列明全船实际载运货物的汇总清单。
载货清单	提货单，又称小提单，是收货人凭以提取货物的凭证。
货物残损单	卸货完毕后，理货员根据卸货过程中发现的货物破损、水渍、渗漏、霉烂、生锈、弯曲变形等情况编制的且须经船方签认的证明货物残损的单据。
设备交接单	在国际贸易中，货物进口国为货物进入国境所签发的一种表格式证明文书。
进口货物证明书	集装箱所有人或租用人委托集装箱装卸区、中转站或内陆站与货方即用箱人或其代表之间交接集装箱及承运设备的凭证。

小故事大道理

机会

A在合资公司做白领，觉得自己满腔抱负却没有得到上级的赏识，经常想：如果有一天能见到老总，有机会展示一下自己的才干就好了！

A的同事B也有同样的想法，但他比A进一步。他去打听老总上下班的时间，算好他大概会在何时乘电梯，然后也在这个时候乘电梯，希望遇到老总，有机会可以跟他打个招呼。

他们的同事C更进一步。他详细了解了老总的奋斗历程，知道了老总毕业的学校、关心的问题，精心设计了几句简单却有分量的开场白，在算好的时间乘坐电梯，跟老总打过几次招呼后，终于有一天跟老总长谈了一次，不久就争取到了更好的职位。

项目六

航空操作业务

任务一 航空货物出口业务

学前热身

航空货物出口业务流程

航空货物出口业务流程是指从托运人发货到承运人把货物装上飞机的物流、信息流的实现、控制和管理的全过程。航空货物出口业务流程的环节主要包含两大部分：航空货物出口运输代理业务程序和航空公司出港货物的操作程序。代理人主要从事航空货物出口代理业务。航空货物出口业务基本流程如图6-1-1所示。

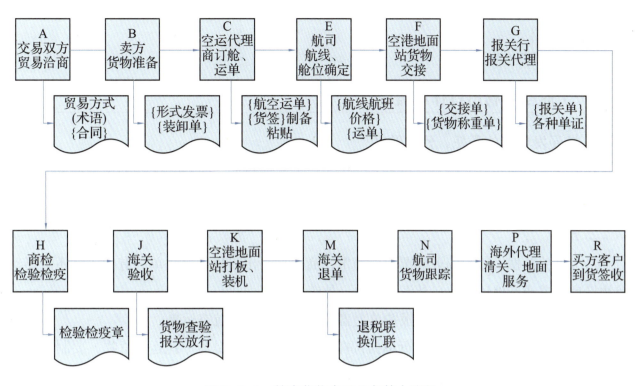

图 6-1-1 航空货物出口业务基本流程

任务重难点

重点：航空货物出口业务流程。

难点：包舱包板运输的内容及注意事项。

任务描述

2021年5月23日，四川中工科贸易有限公司委托北京中田物流集团出口一批笔记本电脑到菲律宾。

北京中田物流集团是一家经中国对外贸易经济合作部（现商务部）、中国民航总局（现中国民航局）批准的一类一级国际货运代理企业，是国际航空运输协会（IATA）成员，被国家经贸委列为国家重点扶持的物流企业之一。其与各航空公司均有合作，拥有长期的舱位，能够保证运输的顺利进行。

四川中工科贸易有限公司是一家生产笔记本电脑的大型企业，其委托北京中田物流集团共出口2 000台笔记本电脑到菲律宾马尼拉PEOPLES SPORTING GOODS & MDSG. CORP，要求这批电脑在7月初上市。北京中田物流集团航运业务部门接到委托之后，开始安排运输，并保证运输的顺利完成。

国际货运代理

知识云集

（一）航空货物出口作业流程

1. 接受发货人的委托，预定舱位

从发货人处取得必要的出口单据；安排运输工具取货或由发货人送货到指定地点，并将货物与单证认真核对。

2. 报关

（1）报关单据一般为商业发票、装箱单、商检证、出口货物报关单，有的商品还需要动植物检疫证书或产地证、出口外汇核销单、外销合同等。

（2）在海关验收完货物，在报关单上盖验收章后，缮制航空运单。

（3）将收货人提供的货物随行单据订在运单后面；如果是集中托运的货物，要制作集中托运清单，并将其与所有分运单及随行单据装入一个信袋，订在运单后面。

（4）将制作好的运单标签贴在每一件货物上。如果是集中托运的货物，还必须有分运单标签。

（5）持缮制完成的航空运单到海关报关放行。

（6）将盖有海关放行章的运单与货物一起交于航空公司，航空公司验收单货无误后在交接单上签字。

（7）集中托运的货物，需要电传通知国外代理的内容包括航班号、运单号、品名、件数、毛重、收货人等。

3. 口岸外运公司与内地公司出口运输工作的衔接

（1）内地公司提前将要发运货物的品名、件数、毛重及时间要求通知口岸外运公司，并制作分运单，与其他单据一起寄出或与货同行交给口岸外运公司。

（2）内地公司将货物按照规定的时间、地点运至口岸。

（3）口岸外运公司设专人承接内地公司运交的货物。

（4）口岸外运公司负责向航空公司订舱，通知内地公司航班号、运单号或总运单号；内地公司将航班号、运单号打在分运单上，将分运单交于发货人办理结汇。

（二）包舱、包集装箱（板）运输

包舱、包集装箱（板）运输是航空货物运输的一种形式，指托运人根据所运输的货物在一定时间内单独占用飞机部分或全部货舱、集装箱、集装板，而承运人采取专门措施予以保证，包括固定包舱和非固定包舱两种。

（1）固定包舱：托运人在承运人的航线上通过包板（舱）的方式运输时，无论托运人是否向承运人交付货物，其都必须支付协议规定的运费。

（2）非固定包舱：托运人在承运人的航线上通过包板（舱）的方式运输时，在航班起飞前72小时如果没有确定舱位，承运人可以自由销售舱位。

1. 包舱注意事项

（1）除天气或其他不可抗力因素外，合同双方应当履行包舱运输合同规定的各自承担的责任和义务。

（2）包舱人应保证托运的货物没有夹带危险品或政府禁止运输或限制运输的物品。

（3）由不可抗力因素导致包舱运输合同不能履行的，承运人不承担责任。

（4）无论何种原因，一方不能如期履行合同时，都应及时通知对方。

（5）包舱运输合同中的未尽事宜，按照承运人的业务规定办理。

2. 包舱运输事项

（1）包舱人按约定时间将货物送到指定机场，自行办理检验检疫等手续后办理托运手续。

（2）包舱货物的实际重量和体积不得超过包舱运输合同中规定的最大可用吨位和体积。

（3）在航班起飞前或到达后，由于包舱人或其受雇人的原因而造成飞机延误，由此给承运人造成的损失，包舱人应承担赔偿责任。

（4）包舱人在飞机起飞前取消、变更包舱计划，造成承运人损失的，应承担赔偿责任。

3. 包板运输事项

（1）如发生所包集装器不够用的情况，余下货物应按正常手续办理散货运输。

（2）包板运输一般只限于直达航班。

（3）如果一票货物需包用两个或两个以上集装器运输，且合同规定了最低计费标准，则该票货物的最低计费重量为包用的每一个集装器的最低计费重量之和。

任务实施

步骤一：委托运输

四川中工科贸易有限公司将要出运2 000台笔记本电脑到菲律宾马尼拉，公司将出运货物的名称、数量、出口日期、建议航班等内容提供给北京中田物流集团，委托其完成这批货物的出运；同时将这次交易的单据（合同、发票、箱单等）一同快递给北京中田物流集团航运业务部门，委托其代填航空运输托运单。

根据《关于统一国际航空运输某些规则的公约》第五条第（1）款的规定，空运托运单应该由托运人（货主）自己填写，也可以由承运人或其代理人代为填写。实际上，目前货运单据均由承运人或其代理人代为填写。为此，作为填开货运单的依据，托运书应由托运人自己填写，而且托运人必须在托运单上签字或者盖章。

托运单是托运人用于委托承运人或其代理人填开航空运单的一种表单，上面列有填制货运单所需要的各项内容，并印有授权于承运人或其代理人代其在货运单上签字的文字说明。北京中田物流集团航运业务部根据本票业务的合同（图6-1-2）、发票（图6-1-3）、箱单（图6-1-4）填制完成了国际货物托运单（图6-1-5）。

四川中工科贸易有限公司
SICHUAN ZHONGGONGKE TRADING CO., LTD.
NO.4-703 AUSTRALIA SUN BUILDING, MACQUARIE GARDEN, SOUTH DAGU ROAD, SICHUAN, CHINA.

SALES CONTRACT

Contract No.: BY10D1064
Date: 2021/05/23

兹确认授予你方下列货品，其成交条款如下：
We hereby confirm having sold you the following goods on terms and conditions as specified below:

品名及规格 Commodity & Specification	数量 Quantity	单价及价格条款 Unit Price & Trade Terms	金额 Amount
LAPTOP v100	2 000	USD1 300.00 CIF MANILA PORT	USD2 600 000.00

1.包装：适用于航空运输的出口包装

2.保险：□如按CIF价格成交，由卖方按发票金额的110%按照中国人民保险公司海运货物保险及战争条款投保一切险及战争险，保至海运目的港为止。
Insurance:
　　□To be effected by the seller for 110% of invoice value to cover All Risk and War Risk up to port of discharge as per the Ocean Marine Cargo Clause and War Risk Clause of the People Insurance Company of China, if conclude a transaction according to CIF term.
　　□由买方自理。
　　□To be effected by Buyer.

3.付款条件：T/T
Payment:

4.卖方须于上述时间内将信用证开到卖方，否则卖方有权不必通知买方撤销本合同的全部或一部分并对因此遭受的损失向买方提出索赔。信用证一定要注明本合同号。
The Buyer shall be liable to let the L/C reach the seller before the above-stipulated date, failing which the seller shall have the right to cancel, without notice, wholly or partly the contract, and to claim for any direct losses sustained there from. In the L/C the Ref. Number of this contract must be quoted.

5.凡属商品品质异议，买方须于货到目的地后30天内向卖方提出；凡属商品数量异议，买方须于货到目的地后15天内向卖方提出。双方同意如异议属于保险公司、航班、其他运输机构或邮电机构负责范围，卖方不承担任何责任。
Quality discrepancy, if any, shall be raised by the Buyer within 30 days after the arrival of goods at the port of destination; and quantity discrepancy, if any, shall be raised by the Buyer within 15 days after the arrival of goods at the port of destination. It is mutually understood that the Seller shall not assume any responsibility for any discrepancy(ies) of the goods shipped owing to causes for which the insurance company, shipping company, other transportation organization of post office are to be liable for.

6.如不可抗力因素导致不能全部或部分履行本合同，卖方不承担责任。
The Seller shall not be responsible for failure or delay in delivery of the entire lot or a portion of the goods under this contract in consequence of any force majeure incidents.

7.凡因执行本合同所发生的或与本合同有关的一切争议应由双方通过友好协商解决，如果协商仍不能解决应提交中国国际贸易促进委员会对外经济贸易仲裁委员会并根据该委员会的仲裁程序进行仲裁。仲裁裁决是终局的，对双方均有约束力。
All disputes arising from the execution of, connection with this contract, shall be settled amicably through negotiation. In case no settlement can be reached through negotiation, the case shall then be submitted to The Foreign Economic & Trade Arbitration Commission of the China Council for the Promotion of International Trade, Beijing, for arbitration in accordance with its provisional rules of procedure. The arbitrator's decision is final and binding upon both parties.

PEOPLES SPORTING GOODS & MDSG.CORP　　　　四川中工科贸易有限公司
　　　　　　　　　　　　　　　　　　　　　　SICHUAN ZHONGGONGKE TRADING CO., LTD.

　　　　　THE BUYER　　　　　　　　　　　　　　　　　THE SELLER

图6-1-2　合同

项目六　航空操作业务

Issuer: SICHUAN ZHONGGONGKE TRADING CO., LTD. NO.4-703 AUSTRALIA SUN BUILDING, MACQUARIE GARDEN, SOUTH DAGU ROAD, SICHUAN, CHINA.		SICHUAN ZHONGGONGKE TRADING CO., LTD. COMMERCIAL INVOICE		
To: PEOPLES SPORTING GOODS & MDSG. CORP				
Transport details: FROM BEIJING CHINA TO MANILA NOUTH, PHILIPINES		No.: BY10D1064	Date: MAY 24, 2021	
		Contract No.: BY10D1064	L/C No.: T/T	
Marks & numbers	Description	Quantity	Unit price	Amount
N/M	LAPTOP v100	2 000	USD1 300.00 CIF MANILA	USD2 600 000.00
TOTAL		2 000		USD2 600 000.00

图 6-1-3　发票

Issuer: SICHUAN ZHONGGONGKE TRADING CO., LTD. NO.4-703 AUSTRALIA SUN BUILDING, MACQUARIE GARDEN, SOUTH DAGU ROAD, SICHUAN, CHINA.		SICHUAN ZHONGGONGKE TRADING CO., LTD. PACKING LIST				
To: PEOPLES SPORTING GOODS & MDSG. CORP						
Transport details: FROM BEIJING CHINA TO MANILA NOUTH, PHILIPINES		No.: BY10D1064		Date: MAY 24, 2021		
		Contract No.: BY10D1064		L/C No.: T/T		
Marks & numbers	Description	QTY	Ctns (CTNS)	G. W. (KGS)	N. W.	M Ment (CBM)
N/M	LAPTOP v100	2 000	2 000	2 809	2 496	29.6
TOTAL		2 000	2 000	2 809	2 496	29.6

图 6-1-4　箱单

131

国 际 货 物 托 运 单 SHIPPER'S LETTER OF INSTRUCTION			
始发站 Airport of Departure 北京 BEIJING	供承运人用 For Carriage Use Only		
	班期/日期 FLIGHT/DAY	航班/日期 FLIGHT/DAY	
到达站 Airport of Destination 马尼拉 MANILA	CZ377 / 3 JUN		
托运人姓名及地址 Shipper's Name & Address SICHUAN ZHONGGONGKE TRADING CO., LTD. NO.4-703 AUSTRALIA SUN BUILDING, MACQUARIE GARDEN, SOUTH DAGU ROAD, SICHUAN, CHINA.	运费 Charges		
	运费预付 P.P.		CHARGES PREPAID
	运费到付 C.C.		
收货人姓名及地址 Consignee's Name & Address PEOPLES SPORTING GOODS & MDSG. CORP	托运人声明价值 Shipper's Declared Value NVD		
	保险金额 Amount of Insurance		
通知方 Notify Party PEOPLES SPORTING GOODS & MDSG. CORP	随附文件 Documents to Accompany Air Waybill 合同、发票、箱单		

标记及号码 Marks &Number	货物名称 Description of Goods	件 数 Number of Package	毛 重 Gross Weight	净 重 Net Weight	体 积 Dimension
N/M	LAPTOP v100 笔记本电脑	2 000	2 809 KGS	2 496 KGS	29.6 CBM

备注 Remarks	

注意:1. 托运人请证实以上所填全部属实并遵守承运人的一切运载章程;
　　 2. 地址请用英语填写;
　　 3. 货名请用中英文填写。

托运人		日期	

图 6-1-5　国际货物托运单

北京中田物流集团将填写完成的托运书交给货主审核,货主审核的主要内容有价格和航班日期。货主完成审核并确认无误后,在国际货物托运单的"托运人""日期"栏签名确认,表示委托代理运输本票货物并对委托内容承担责任。

步骤二:审核单证

北京中田物流集团将国际货物托运单交给四川中工科贸易有限公司确认无误之后,开始对其提供的单据及托运单进行审核。审核的主要内容有合同、发票、箱单、报关单等:发票上加盖了四川中工科贸易有限公司的公章,并且标明了价格术语和交易商品的单价;托运单中有运费预付及相关商品的信息,最主要的是有托运人审核完成后在托运单上托运人处的签名;在收汇核销单的"出口单位"备注栏有四川中工科贸易有限公司加盖的公司章。另外,还应审核的内容有报关单上是否注明经营单位注册号、贸易性质、收汇方式,并在申报单位处加盖公章;许可证上是否有合同号、出口口岸、贸易国别、有效期,是否符合要求并与其他单据相符;商检证中是否有商检放行章、关封等内容。

北京中田物流集团将所提供单据的内容全部审核完毕之后即可进行下一步操作。

步骤三:预配舱

北京中田物流集团航运业务部门审核完单据及其内容之后,开始申请合适的舱位。北京中田物流集团航运操作部统计了所有走马尼拉航线的货物及其件数、重量、体积,得知共有三个客户的出运货物,出运商品分别为四川中工科贸易有限公司的笔记本电脑、天津绮华服饰有限公司的礼服、青岛佳琪贸易有限公司的毛绒玩具。

北京中田物流集团航运操作部按照三个客户的要求和货物重量,综合考虑中国南方航空公司CZ377航班机型对不同板箱重量、金额、高度的要求制订了初步的预配舱方案,并给每票货物配上运单号。

步骤四:预订舱

北京中田物流集团航运操作部根据预配舱的信息按照航班、日期打印出总运单号,预报货物的件数、重量、体积向中国南方航空公司预订舱。

在这一步骤中,北京中田物流集团航运操作部预报的货物的件数、重量、体积等会有误差,这些在正式配舱时都会调整。

步骤五:接受单证

北京中田物流集团航运操作部将打印出的单据及已经审核确认的托运书和发票、箱单、报关单等单据交给中国南方航空公司,准备接受货运。

步骤六：制单

中国南方航空公司接到北京中田物流集团的订舱单证之后，开始填制航空运单，包括总运单和分运单。填制航空运单是货代企业航空货物出口业务最主要也是最重要的环节。航空运单填写正确与否直接关系到货物能否及时、准确地运达目的地。航空运单是发货人收结汇的主要有价证券，因此其填写必须详细、准确，严格符合单货一致、单单一致的要求。

北京中田物流集团航运业务部开始对本次运输填制航空运单。填制航空运单的主要依据是之前已经填制完成的国际货物托运单。航空运单一般用英文填写，目的地如果为中国香港地区，可以填写中文，但是货物的品名一定要用英文填写。航空运单如图6-1-6所示。

Shipper's Name and Address	Shipper's Account Number	Not Negotiable **Air Waybill** Issued by 中国南方航空公司								
SICHUAN ZHONGGONGKE TRADING CO., LTD. NO.4-703 AUSTRALIA SUN BUILDING, MACQUARIE GARDEN, SOUTH DAGU ROAD,SICHUAN, CHINA.		Copies 1, 2 and 3 of this Air Waybill are originals and have the same validity.								
Consignee's Name and Address	Consignee's Account Number	It is agreed that the goods described herein are accepted in apparent good order and condition(except as noted) for carriage SUBJECT TO THE CONDITIONS OF CONTRACT ON THE REVERSE HEREOF. ALL GOODS MAY BE CARRIED BY ANY OTHER MEANS INCLUDING ROAD OR ANY OTHER CARRIER UNLESS SPECIFIC CONTRARY INSTRUCTIONS ARE GIVEN HEREON BY THE SHIPPER, AND SHIPPER AGREES THAT THE SHIPMENT MAY BE CARRIED VIA INTERMEDIATE STOPPING PLACES WHICH THE CARRIER DEEMS APPROPRIATE. THE SHIPPER'S ATTENTION IS DRAWN TO THE NOTICE CONCERNING CARRIER'S LIMITATION OF LIABILITY. Shipper may increase such limitation of liability by declaring a higher value for carriage and paying a supplemental charge if required.								
PEOPLES SPORTING GOODS & MDSG. CORP										
Issuing Carrier's Agent Name and City										
PEOPLES SPORTING GOODS & MDSG. CORP										
Agent's IATA Code	Account No.	Accounting Information								
		FREIGHT PREPAID								
Airport of Departure (Addr. of First Carrier) and Requested Routing										
BEIJING AIRPORT										
To	Routing and Destination					Currency	CHGS Code	WT/VAL		OTHER		Declared Value for Carriage	Declared Value for Customs
	By First Carrier	to	by	to	by			PPD	COLL	PPD	COLL		
CPK	CZ					USD			PP		PP	N.V.D	

图6-1-6 航空运单

Airport of Destination	Requested Flight/Date	Amount of Insurance		INSURANCE – if carrier offers insurance and such insurance is requested in accordance with the conditions thereof, indicate amount to be insured in figures in box marked Amount of Insurance.
MANILA	CZ377 / 3 JUN			
Handling Information				SCI
These commodities, technology or software were exported from the United States in accordance with the Export Administration Regulations. Diversion contrary to USA law prohibited.				

No. of Pieces RCP	Gross Weight	Rate Class	Commodity Item No.	Chargeable Weight	Rate/ Charge	Total	Nature and Quantity of Goods (incl. Dimensions or Volume)
1	2809KGS			2496KGS		AS AGREED	
	LAPTOP v100						

Prepaid	Weight Charge	Collect	Other Charges
AS AGREED			
	Valuation Charge		
	Tax		
	Total Other Charges Due Agent		
	Total Other Charges Due Carrier		Shipper certifies that the particulars on the face hereof are correct and that insofar as any part of the consignment contains dangerous goods, such part is properly described by name and is in proper condition for carriage by air according to the applicable Dangerous Goods Regulations.

		Signature of Shipper or His Agent	
Total Prepaid	Total Collect		
Currency Conversion Rates	CC Charges in Dest. Currency		
		Executed on (date) at (place)	Signature of Issuing Carrier or Its Agent
For Carriers Use Only at Destination	Charges at Destination	Total Collect Charges	

ORIGINAL 1 (FOR CARRIER)

图 6-1-6 航空运单（续）

步骤七：接货

航空运单填写完成之后，北京中田物流集团 BJS（地面工作服务站）开始接收货物，对将要出运的货物进行称重、点数，对品名等内容进行核查和丈量。

国际货运代理

北京中田物流集团 BJS 收到航空运单之后，与四川中工科贸易有限公司约定送货时间和地点。四川中工科贸易有限公司在收到通知后及时将 2 000 台笔记本电脑送于 BJS。

BJS 工作人员在接到笔记本电脑之后，对这批电脑进行过磅和丈量，根据发票和箱单内容清点货物，并制称重条，如图 6-1-7 所示。

北京空港航空地面服务有限公司 BEIJING AVIATION GROUND SERVICES COLTD

称重条
WEIGHT SLIP

日期/时间

Date/Time:

运单号		货物在装配时是否可拆去木托包装	是☐	否■
总件数	2 000 台	货物是否可倒置	是■	否☐
净重	2 496 KGS	货物是否需要危险品鉴定	是☐	否■
尺寸	50*30*10/2000			
体积 Volume		重量 Weight		
收货明细 Acceptance Details				
备注 Remarks	北京中田物流集团			

收货人签字：　　　　　　　　　　　　交货人签字：

Received By（Signature）：_____　　Received From（Signature）：_____

图 6-1-7　称重条

在完成了货物的丈量和信息核对之后，北京中田物流集团还要检查这批笔记本电脑的包装是否符合运输标准，以保证货物顺利完成运输。这批笔记本电脑的包装方式为将包装纸箱放在木质托盘上，并用塑料打包带加固。

步骤八：制作标签

北京中田物流集团接运这批笔记本电脑之后，会在商品包装上贴上运输标记和标签，记录这批货物的相关信息。

其中，运输标记包括以下内容：

（1）托运人名称、地址：四川中工科贸易有限公司，四川南大古路。

（2）收货人名称、地址：PEOPLES SPORTING GOODS & MDSG. CORP，菲律宾马尼拉。

（3）操作注意事项：小心轻放。

标签包括以下内容：

（1）运单号码：***************。

（2）商品名称：笔记本电脑。

（3）商品数量：2 000 台。

（4）始发站：北京 PEK。

（5）目的站：马尼拉 MNL。

此外，还有其他一些运输、操作标签，如危险品标签、活动物标签、鲜活易腐标签、易碎物品标签等。一般的运输和操作标签都印在包装箱上。

步骤九：配舱

北京中田物流集团现场操作人员在收到货物并贴上标记和标签之后，核对出运商品信息：数量 2 000 台、重量 2 496 KGS、体积 29.6 CBM。若这些信息与托运单一致，即可按照预配的位置装货；若有差别，就需要重新调整预配舱。对于晚到、未到以及未能顺利通关放行的货物应做调整处理，为制作舱单做准备。

步骤十：订舱

北京中田物流集团在完成地面服务之后，向中国南方航空公司申请并预定舱位。在订舱时，应综合考虑三种商品的性质、种类。

北京中田物流集团向中国南方航空公司吨控部门领取并填写订舱单，同时提供出运货物信息。

（1）商品名称：笔记本电脑。

（2）商品数量：2 000 台。

（3）商品体积：29.6 CBM。

（4）商品总重：2 809 KGS。

（5）始发站：北京 PEK。

（6）目的站：马尼拉 MNL。

（7）运输条件：一般运输。

中国南方航空公司根据北京中田物流集团提供的信息合理安排航班和舱位，以保证运输的顺利完成。中国南方航空公司订舱通过之后，将会给北京中田物流集团签发舱位确认书（舱单），同时给予其装货集装箱领取凭证，表示这次订舱成功。

航空公司舱位销售的原则是：保证有固定舱位配额的货物，保证邮件、快件舱位，优先预定运价较高的货物舱位，保留一定的零散货物舱位，未预定的货物按交运时间的先后顺序安排舱位。

有时候会由于货物、单证、海关等原因出现舱位不够或者空舱的情况，这需要综合考虑和有预见性经验，尽量减少此类情况的发生，并且在其发生之后能够及时补救。

步骤十一：出口报关

预定舱位确认之后，就需要对将要出运的货物完成报关，向出境地海关办理货物的出口手续。

北京中田物流集团是有报关资质的集团。在四川中工科贸易有限公司填制完报关委托书之后，北京中田物流集团全权办理报关事项。

报关员持四川中工科贸易有限公司的合同、发票、箱单、运单、报关单向海关申报，海关审核无误后，就在运单正本上加盖海关放行章，同时在出口收汇核销单和报关单上加盖放行章，这样就完成了出口报关手续。

步骤十二：出仓单

出仓单的编制基础是之前已经完成的配舱方案。编制完成的出仓单内容如下：

（1）航班日期：CZ377 / 3 JUN。

（2）装载板箱形式和数量：20'GP，1个。

（3）进仓编号：25。

（4）运单号：****************。

（5）件数：2 000台。

（6）重量：2 809 KGS。

（7）体积：29.6 CBM。

（8）目的地：马尼拉 MNL。

（9）备注：小心轻放。

出仓单编制完成之后，需交给出口仓库以制订出库计划，交给用于交接的部门作为收货凭证，并作为制作国际货物交接清单的依据。

步骤十三：提板、箱

出仓单编制完成之后，北京中田物流集团根据订舱计划向中国南方航空公司申领板、箱并办理相应手续。

申领板、箱时，需要领取相应的塑料薄膜和网，以保护和加固货物。对所使用的板、箱进行登记之后就可以提取，然后装载。

北京中田物流集团订妥舱位之后，中国南方航空公司根据货量出具航空集装板、箱凭证。北京中田物流集团凭此可向中国南方航空公司的板、箱管理部门领取与订舱货量相对应的集装板和集装箱。

北京中田物流集团顺利领取板、箱之后，四川中工科贸易有限公司安排将2 000台笔记本电脑装在板箱上，并用塑料薄膜和网对板、箱上的电脑进行加固。

步骤十四：签单

海关在检验放行之后，在货运单和相关单据上加盖海关放行章后，北京中田物流集团还需要到中国南方航空公司签单。因为 BJS 规定只有签单确认后才能将单、货交给航空公司。

北京中田物流集团将货运单交给中国南方航空公司进行签单。在中国南方航空公司审核运价完全正确，确认笔记本电脑也适合进行航空运输后，就不需要再办理其他证明文件了。

步骤十五：交接发运

完成了签单操作之后，中国南方航空公司开始根据航班顺序安排航空运输装机操作。北京中田物流集团即可将要出运的货物和单据交给中国南方航空公司。

北京中田物流集团需要提交的单据有第二联航空运单正本、发票、箱单、产地证明、品质鉴定书等。单据需随同将要出运的货物一起交给中国南方航空公司。在交货之前，北京中田物流集团代替四川中工科贸易有限公司清点核对货物数量，并填制货物交接清单。

中国南方航空公司在审单验货完成之后，在交接单上签字验收，将这 2 000 台笔记本电脑出入出口仓库，将单据交给吨控部门，准备装机。

步骤十六：航班跟踪

此时，虽然将单、货都交给了中国南方航空公司，但也不能保证中国南方航空公司就能顺利地按照航班点准时将这 2 000 台笔记本电脑装机出运，如由于某些客观因素（航班取消、延误等）不能准时装机出运。所以，北京中田物流集团从将单、货交给中国南方航空公司的那一刻开始就需要对航班、货物进行跟踪，并对跟踪的信息进行沟通、记录，必要时还需要向四川中工科贸易有限公司进行信息反馈。

步骤十七：信息服务

信息服务主要是货运代理人——北京中田物流集团给所有托运人提供信息查询的平台。托运人将货物、单据交给中国南方航空公司后，就可以登录货运代理人或者承运人相关网站进行有关订舱信息、审单及报关信息、仓库收货信息、交运称重信息、一程及二程航班信息、集中托运信息、单证信息等的查询。

步骤十八：费用结算

费用结算主要是四川中工科贸易有限公司、北京中田物流集团、中国南方航空公司三方之间就运费和杂费进行的结算。结算方式与海上运费结算方式一样，分为月结和见款放单两种。货运代理人与航空公司签订的是长期合作协议，有包板运输和包舱运输，双方之间的费用结算一般采用月结的形式；托运人与货运代理人之间由于合作不是很多，费用多采用见款放单的形式。

1. 四川中工科贸易有限公司与北京中田物流集团之间结算的费用

在运费预付的情况下，结算的费用包括航空运费、地面运输费、各种服务费和手续费。

2. 北京中田物流集团与中国南方航空公司之间结算的费用

航空运费、代理费、佣金。

3. 国外货运代理之间主要涉及的运费支付和利润分成

此费用结算主要适用于运费结算是到付的形式。采用运费到付形式时，北京中田物流集团为收货人先垫付运费，收货人在收到货物时，将费用付给进口方货运代理人，并将有关费用付给北京中田物流集团。同时，收货人处的货运代理人将代理佣金的一部分分给其收货地的货运代理人。

至此，整个航空货物出口运输代理操作就完成了。

技能训练

流程排序题：对下面的航空货物出口操作的业务流程进行排序。

（1）审核单证。

（2）填制货运单。

（3）签单。

（4）交接发运。

（5）委托运输。

（6）接收货物。

（7）提板、箱与装货。

（8）预配和预订舱位。

（9）揽货。

（10）配舱。

（11）信息服务。

（12）出口报关，填制出仓单。

（13）费用结算。

（14）航班跟踪。

项目六　航空操作业务

小故事大道理

当老虎来临时

两个人在森林里遇到了一只大老虎，A赶紧从背包里取出一双更轻便的运动鞋换上。

B非常着急，喊道："你干吗呢？再换鞋也跑不过老虎啊！"

A说："我只要跑得比你快就好了。"

任务二　航空货物进口业务

学前热身

白云机场口岸进口航空货物首次突破60万票

据广州海关消息，2021年前11个月，广州海关监管进口航空货物60.5万票，货重23.95万吨，同比增长27.9%和40.5%。这也是广州白云机场空港口岸进口航空货物首次突破60万票。为顺畅国际物流，广州海关着力优化物流监管，依托海关空运智能化监管系统，简化航空器申报，链式优化海关物流不同环节监管，大力支持航空货运"包机""客改货"。

近年来，广州国际航空枢纽能级不断提升，航空物流产能加速集聚发展，作为粤港澳大湾区的核心枢纽机场，广州白云机场湾区经济引擎作用凸显。2020年，广州白云机场旅客吞吐量位居全球第一，货邮吞吐量位居全国第二、全球前列。

2021年12月21日，来自俄罗斯的载有面料、救生气垫、热电偶、感温探头接插件等货物的进境货机SU220飞抵广州白云国际机场，早已在停机坪等候的海关关员迅速登临检查，实施监管。"SU220是一架'客改货'航班。目前，不少航空公司将执飞国际客运航线的客机改为'全货机'，不载客，不配乘务员，仅提供客舱、腹舱货物运输服务，最大限度地保障航空运力。"广州白云机场海关值机处航空器查验一科科长徐坚雄介绍。

中国南方航空物流公司相关负责人说："在广州海关的支持下，航空器和货物从申报到提货等物流环节效率都有较大提升，进一步增强了客户从白云机场进出境的信心，'客改货'航班数量增长尤其明显。今年前11个月，我司'客改货'航班广州进港约2 400班，同比增长超40%；出港约2 000班，同比增长超20%。"

为服务粤港澳大湾区建设，进一步支持广州打造全球重要交通枢纽，广州海关优化陆空联运监管，推动白云机场与国内16个机场开通"多式联运"业务，实施进出口转关货物全程无纸化，启动"车辆自助进出区"管理模式，实现送、提货车辆进出物流园区24小时"网上预约""无感过卡"。2021年以来，广州白云机场货运潜能进一步发挥，进出口货运航班（含"客改货"）数量大幅增长，有效拉动了进口货运量的快速增长。据广州白云机场国际货站提供的数据，2021年前11个月广州白云机场进出港国际货运航班超过1.7万班次，同比增长超五成。

广州海关口岸监管处相关负责人透露："通过对航空物流不同环节成链条式地优化监管，进口航空货物通关效能不断提高，这进一步吸引了高科技产品通过广州白云机场航空物流进境。今年以来，从广州白云机场口岸进口的半导体制造设备、计算机集成技术相关产品和液晶显示板等货物货值同比增长均超1倍。此外，医药材药品和日化用品等商品进口货值增长也达三成以上。"

任务重难点

重点： 航空货物进口业务流程。

难点： 航空货物进口随附单据的相关内容。

任务描述

2021年5月28日，青岛琪琪服饰进出口有限公司传真委托北京天原货运代理有限公司接运一批由伦敦希思罗机场发来的8箱女士针织衫。北京天原货运代理有限公司接受委托后，根据青岛琪琪服饰进出口有限公司提供的信息，得知这批货物在6月2日抵达北京首都机场，主运单编号为HAE0070308，分运单编号为b20010327002，航班号为CZ250，启运地为伦敦希思罗。青岛琪琪服饰进出口有限公司委托北京天原货运代理有限公司接货后于同年6月3日向海关申报进口，并办理了有关手续。

伦敦希思罗机场发来了航空货物主运单（图6-2-1）。北京天原货运代理有限公司负责接运货物并完成清关手续，保证青岛琪琪服饰进出口有限公司顺利提货。

项目六　航空操作业务

Shipper's Name and Address	Shipper's Account Number	Not Negotiable Air Waybill Issued by	HAE0070308
GAMBRIDGE NUTURITIONAL SCIENCE LTD EDEN RESEARCH PRRK 8 HENRY ROAD		Copies 1,2 and 3 of this Air Waybill are originals and have the same validity.	
Consignee's Name and Address	Consignee's Account Number	It is agreed that the goods described herein are accepted in apparent good order and condition(except as noted) for carriage SUBJECT TO THE CONDITIONS OF CONTRACT ON THE REVERSE HEREOF. ALL GOODS MAY BE CARRIED BY ANY OTHER MEANS INCLUDING ROAD OR ANY OTHER CARRIER UNLESS SPECIFIC CONTRARY INSTRUCTIONS ARE GIVEN HEREON BY THE SHIPPER, AND SHIPPER AGREES THAT THE SHIPMENT MAY BE CARRIED VIA INTERMEDIATE STOPPING PLACES WHICH THE CARRIER DEEMS APPROPRIATE. THE SHIPPER'S ATTENTION IS DRAWN TO THE NOTICE CONCERNING CARRIER'S LIMITATION OF LIABILITY. Shipper may increase such limitation of liability by declaring a higher value for carriage and paying a supplemental charge if required.		
HOB BIOTEST GROUP NO3 CHANGNING ROAD SHIBEI DISTRICT QINGDAO CHINA			
Issuing Carrier's Agent Name and City			
ALLTANCE HEATHROW			
Agent's IATA Code	Account No.	Accounting Information B/CODE	
LONDON HEATHROW			
Airport of Departure (Addr. of First Carrier) and Requested Routing		FREIGHT PREPAID	
LONDON HEATHROW			

To	Routing and Destination					Currency	CHGS Code	WT/VAL		Other		Declared Value for Carriage	Declared Value for Customs
	By First Carrier	to	by	to	by			PPD	COLL	PPD	COLL		
HkG	CATHAY PACIFIC	BJS	MU			GBP		PP		PP		NVD	NVD

Airport of Destination	Requested Flight/Date		Amount of Insurance	INSURANCE – if carrier offers insurance and such insurance is requested in accordance with the conditions thereof, indicate amount to be insured in figures in box marked Amount of Insurance.
BEIJING CHINA	CZ250 /05	CZ312/ 07	NIL	
Handling Information				SCI
These commodities, technology or software were exported from the United States in accordance with the Export Administration Regulations. Diversion contrary to USA law prohibited.				

图 6-2-1　航空货物主运单

No. of Pieces RCP	Gross Weight	Rate Class	Commodity Item No.	Chargeable Weight	Rate/ Charge	Total	Nature and Quantity of Goods (incl. Dimensions or Volume)
8	123 KGS			174 KGS	AS AGREED	AS AGREED	LADY SWEATER
8	123 KGS					AS AGREED	

Prepaid	Weight Charge	Collect	Other Charges		
	AS AGREED		Shipper certifies that the particulars on the face hereof are correct and that insofar as any part of the consignment contains dangerous goods, such part is properly described by name and is in proper condition for carriage by air according to the applicable Dangerous Goods Regulations.		
	Valuation Charge				
	Tax				
	Total Other Charges Due Agent				
	AS AGREED				
	Total Other Charges Due Carrier				
			Signature of Shipper or His Agent		
Total Prepaid		Total Collect	**ALLTANCE HEATHROW**		
AS AGREED					
Currency Conversion Rates		CC Charges in Dest. Currency			
			Executed on (date)	at (place)	Signature of Issuing Carrier or Its Agent
For Carriers Use Only at Destination		Charges at Destination	Total Collect Charges		
ORIGINAL 1 (FOR CARRIER)					

图 6-2-1 航空货物主运单（续）

知识云集

（一）空运托运单

空运托运单（Shippers Letter of Instruction）是托运人用于委托承运人或其代理人填开航空货运单的一种表单，其上列有填制货运单所需的各项内容，并印有授权于承运人或其代理人代其在货运单上签字的文字说明。

根据《关于统一国际航空运输某些规则的公约》第五条第（1）和（5）款的规定，空运托运单应由托运人（货主）填写，也可由承运人或其代理人代为填写。实际上，目前货运单均由承运人或其代理人填写。为此，作为填开货运单的依据，托运单应由托运人自己填写，而且托运人必须在上面签字。

1. 空运托运单的内容

（1）托运人（SHIPPER）。

本栏填托运人的全称、街名、城市名称、国名，以及便于联系的电话号、电传号或传真号。

（2）收货人（CONSIGNEE）。

本栏填收货人的全称、街名、城市名称、国名（特别是在不同国家内有相同城市名称时，必须填上国名）以及电话号、电传号或传真号，本栏内不得填写"order"或"to order of the shipper"（按托运人的指示）等字样，因为空运托运单不能转让。

（3）始发站机场（AIRPORT OF DEPARTURE）。

本栏填始发站机场的全称。

（4）目的地机场（AIRPORT OF DESTINATION）。

本栏填目的地机场的名称（不知道机场名称时，可填城市名称），如果某一城市名称用于一个以上国家，应加上国名。例如，LONDON UK 伦敦，英国；LONDON KY US 伦敦，肯达基州，美国；LONDON TO CA 伦敦，安大略省，加拿大。

（5）要求的路线/申请订舱（REQUESTED ROUTING/REQUSETING BOOKING）。

本栏在航空公司安排运输路线时填写，但如果托运人有特别要求，也可将其填入本栏。

（6）供运输用的声明价值（DECLARED VALUE FOR CARRIAGE）。

本栏填供运输用的声明价值金额，该金额即为承运人负赔偿责任的限额。承运人按有关规定向托运人收取声明价值费，但如果所交运的货物毛重每千克不超过20美元（或其等值货币），则无须填写声明价值金额，可在本栏内填入"NVD"（No Value Declared，未声明价值）。如本栏未填写，承运人或其代理人可视为货物未声明价值。

（7）供海关用的声明价值（DECLARED VALUE FOR CUSTOMS）。

国际货物通常要受到目的站海关的检查，海关根据此栏所填数额征税。

（8）保险金额（INSURANCE AMOUNT REQUESTED）。

中国民航各空运企业暂未开展国际航空运输代保险业务，本栏可不填。

（9）处理事项（HANDLING INFORMATION）。

本栏填附加的处理要求，如另请通知（ALSO NOTIFY）。除填收货人之外，如托运人还希望在货物到达的同时通知他人，需另填写被通知人的全名和地址。

（10）货运单所附文件（DOCUMENT TO ACCOMPANY AIR WAYBILL）。

本栏填随在附货运单上送往目的地的文件，应填上所附文件的名称，如托运人的动物证明（SHIPPER CERTIFICATION FOR LIVE ANIMALS）。

（11）件数和包装方式（NUMBER AND KIND OF PACKAGES）。

本栏填该批货物的总件数，并注明其包装方法，如包裹（Package）、纸板盒（Carton）、盒（Case）、板条箱（Crate）、袋（Bag）、卷（Roll）等。如货物没有包装，则注明散装（Loose）。

（12）实际毛重（ACTUAL GROSS WEIGHT）。

本栏应由承运人或其代理人在称重后填入。如托运人已填，承运人或其代理人必须进行复核。

（13）运价类别（RATE CLASS）。

本栏可不填，由承运人或其代理人填写。

（14）计费重量（千克）[（CHARGEABLE WEIGHT）（KGS）]。

本栏应由承运人或其代理人在量过货物的尺寸（以厘米为单位）并算出计费重量后填入。如托运人已填，承运人或其代理人必须进行复核。

（15）费率（RATE/CHARGE）。

本栏可不填。

（16）货物的品名及数量（包括体积及尺寸）[NATURE AND QUANTITY OF GOODS（INCL. VOLUME OR DIMENSIONS）]，托运单、货运单号码（NO. OF AIR WAYBILL SHIPPER'S LETTER OF INSTRUCTION）。

本栏每一项均须分开填写，并尽量填写详细，如"9筒35mm的曝光动画胶片""新闻短片"（美国制）等。本栏填写内容应与出口报关发票和进口许可证上所列明的内容相符。

危险品应填写使用的准确名称及标贴的级别。

（17）托运人签字（SIGNATURE OF SHIPPER）。

托运人必须在本栏内签字。

（18）日期（DATE）。

本栏填托运人或其代理人交货的日期。

2. 空运托运单的作用

（1）它是承运人接受订舱、安排运输、组织装运、转运、联运等作业的书面依据。

（2）它是最终签发提运单的原始依据。

（3）它是托运人与承运人之间运输契约的书面记录。

（4）它是出口货物报关的货运单据。

3. 空运托运单制作的注意事项

（1）空运托运单只是运输合同的证明，不是特权凭证，不可以转让，在其正面有"不可转让（NOT NEGOTIABLE）"字样。

（2）空运托运单可用于单一种类货物的运输，也可以用于不同种类货物的集合运输；可用于单程运输，也可以用于联程运输。

（3）一张空运托运单可以用于一个托运人在同一时间、同一地点托运的由承运人运往同一目的站的同一收货人的一件或多件货物。

（4）托运人对填开的货物说明和声明的正确性负责。

由于空运托运单上所填的说明和声明不符合规定或不完整、不正确，给承运人或其他人造成的损失，托运人应当承担赔偿责任。

（5）空运托运单的有效期。

当货物运至目的地，收货人提取货物并在空运托运单交付联上签字认可后，空运托运单作为运输契约凭证的有效期即告结束。作为运输契约，空运托运单作为法律依据的有效期应延伸至运输停止后的两年。

（6）全套正本。

空运托运单必须提交注明"托运人/发货人正本"的那一联，即使信用证要求全套正本空运托运单，也只需提交托运人联。

（二）航空货运单

航空货运单（Air Waybill）与海运提单有很大不同，却与国际铁路运单相似。它是由承运人或其代理人签发的重要的货物运输单据，是承托双方的运输合同，其内容对双方均具有约束力。航空货运单不可转让，持有航空货运单也并不能说明可以对货物要求所有权。除了《修改1929年10月12日在华沙签订的统一国际航空运输某些规则的公约的议定书》中明确规定航空货运单可以转让外，其他国际条例、公约以及我国法律均未对航空货运单是否可以转让做出明确的约定。但从保障交易安全的角度出发，在实际业务中航空货运单一般都印有"不可转让（Not Negotiable）"字样，所以，航空货运单仍不具有可转让性。因此，除了航空运输合同当事人之外，或非经合同当事人补充约定，合同外的第三人即使持有航空货运单，也不具有航空运输合同中约定的权利。

1. 航空货运单的作用

（1）航空货运单是发货人与航空承运人之间的运输合同。与海运提单不同，航空货运单不仅能证明航空运输合同的存在，而且其本身就是发货人与航空运输承运人之间缔结的货物运输合同，在双方共同签署后产生效力，并在货物到达目的地交付给运单上所记载的收货人后失效。

（2）航空货运单是承运人签发的已接收货物的证明。航空货运单也是货物收据，在发货人将货物发运后，承运人或其代理人就会将其中一份（发货人联）交给发货人，作为已经接收货物的证明。除非另外注明，它是承运人收到货物并在良好条件下装运的证明。

（3）航空货运单是承运人据以核收运费的账单。航空货运单分别记载着属于收货人负担的费用、属于应支付给承运人的费用和应支付给代理人的费用，并详细列明费用的种类。

（4）航空货运单是报关单证之一。

出口时航空货运单是报关单证之一。在货物到达目的地机场进行进口报关时，航空货运单也通常是海关查验放行的基本单证。

（5）航空货运单可作为保险证书。

如果承运人承办保险或发货人要求承运人代办保险，则航空货运单也可作为保险证书。

（6）航空货运单是承运人内部业务的依据。航空货运单随货同行，证明了货物的身份。运单上载有有关该票货物发送、转运、交付的事项，承运人会据此对货物的运输做出相应安排。

2. 航空货运单的种类

（1）航空货运主运单。

航空货运主运单（Master Air Waybill，MAWB）是由航空公司签发的航空货运单，是航空公司据以办理货物运输和交付的依据，是航空公司和托运人订立的运输合同的证明。

航空货运主运单从格式上分为航空公司负责印制的、显示航空公司标志的货运单和由IATA负责印制的、不显示航空公司标志的货运单——中性货运单两种。这两种货运单具有相同的作用和性质。使用不同的货运单在航空公司与货运代理之间进行运费结算的渠道有所不同。

（2）航空货运分运单。

航空货运分运单（House Air Waybill，HAWB）是航空货运代理签发给各委托人的货物收据及提货凭证。

3. 航空货运单的构成

航空货运单的内容由国务院民用航空主管部门规定，至少应当包括以下几方面：

（1）出发地点和目的地点。

（2）出发地点和目的地点均在中华人民共和国境内，而在境外有一个或者数个约定的经停地点的，至少注明一个经停地点。

（3）货物运输的最终目的地点、出发地点或者约定的经停地点之一不在中华人民共和国境内，依照所适用的国际航空运输公约的规定，应当在航空货运单上声明此项运输适用该公约的，航空货运单上应当载有该项声明。

4. 航空货运单的填写规定

（1）航空货运单一般应使用英文大写字母填写，用电脑打制。各栏内容必须准确、清楚、齐全，不得随意涂改。

（2）航空货运单已填好内容，在运输过程中需要修改时，必须在修改项目的近处盖章，注明修改货运单的空运企业名称、地址和修改日期。修改货运单时，应将所有剩余的各联一同修改。

（3）在始发站货物运输开始后，货运单上的"运输声明价值（Declared Value for Carriage）"一栏的内容不得再做任何修改。

（4）必须在每批货物全部收齐后才可填开航空货运单，每一批货物或集合运输的货物均填写一份航空货运单。

5. 航空货运主运单和航空货运分运单的区别

航空货运主运单和航空货运分运单的区别是，航空货运主运单是航空公司与集中托运人之间的货物运输合同，航空货运分运单是集中托运人与托运人之间订立的运输合同。

（三）航空货物进口作业流程

1. 代理预报

在国外发货前，由国外代理公司将运单、航班、件数、重量、品名、实际收货人及其地址、联系电话等内容发给目的地代理公司。

2. 交接单、货

航空货物入境时，与货物相关的单据也随机到达，运输工具及货物处于海关监管之下。货物卸下后，将其存入航空公司或机场的监管仓库，进行进口货物舱单录入，将舱单上总运单号、收货人、始发站、目的站、件数、重量、货物品名、航班号等信息通过电脑传输给海关留存，供报关用。同时根据运单上的收货人地址寄发取单、提货通知。

交接时要做到单、单核对，即交接清单与总运单核对；单、货核对，即交接清单与货物核对。

3. 理货与仓储

理货：逐一核对每票件数，再次检查货物破损情况，如确有接货时未发现的问题，可向民航提出交涉；按大货、小货、重货、轻货、单票货、混载货、危险品、贵重品、冷冻品、冷藏品分别堆存、进仓；登记每票货物储存区号，并输入电脑。

仓储：注意防雨、防潮、防重压、防变形、防温长变质、防暴晒，独立设危险品仓库。

4. 理单与到货通知

理单：集中托运，总运单项下拆单；分类理单、编号；编制种类单证。

到货通知：尽早、尽快、妥善地通知货主到货情况。

正本运单处理：电脑打制海关监管进口货物入仓清单，一式五份，商检、卫检、动检各一份，海关两份。

5. 制单、报关

制单、报关、运输的形式：货代公司代办制单、报关、运输；货主自行办理制单、报关、运输；货代公司代办制单、报关，货主自办运输；货主自行办理制单、报关后，委托货代公司运输；货主自办制单，委托货代公司报关和办理运输。

进口制单：长期协作的货主单位，有进口批文、证明手册等放于货代处的，货物到达，发出到货通知后，即可制单、报关，通知货主运输或代办运输；部分进口货，若因货主单位缺少有关批文、证明，亦可将运单及随机寄来的单证、提货单以快递形式寄给货主单位，由其备齐有关批文、证明后再决定制单、报关事宜；无须批文和证明的，可即行制单、报关，通知货主提货或代办运输；部分货主要求异地清关时，在符合海关规定的情况下，制作转关运输申报单，办理转关手续，报送单上需由报关人填报的项目有进口口岸、收货单位、经营单位、合同号、批准机关及文号、外汇来源、进口日期、提单或运单号、运杂费、件数、毛重、海关统计商品编号、货品规格及货号、数量、成交价格、价格条件、货币名称、申报单位、申报日期等，转关运输申报单内容少于报关单，亦需按要求详细填列。

进口报关：报关大致分为初审、审单、征税、验放四个主要环节。

报关期限与滞报金：进口货物报关期限为自运输工具进境之日起的14日内，超过这一期限报关的，由海关征收滞报金；征收标准为货物到岸价格的万分之五。

开验工作的实施：客户自行报关的货物，一般由货主到货代监管仓库借出货物，由代理公司派人陪同货主一并协助海关开验。客户委托代理公司报关的，代理公司通知货主，由其派人前来或书面委托代办开验。开验后，代理公司须将已开验的货物封存，运回监管仓库储存。

6. 发货、收费

发货：办完报关、报检等手续后，货主须凭盖有海关放行章、检验检疫章、船代提货专用章的进口提货单到所属监管仓库付费提货。

收费：货代公司仓库在发放货物前，一般先将费用收妥。收费内容有到付运费及垫付佣金，单证、报关费，仓储费，装卸、铲车费，航空公司到港仓储费，海关预录入、动植检、卫检报验等代收代付费，关税及垫付佣金。

7. 送货与转运

送货：主要指进口清关后将货物直接运送至货主单位，运输工具一般为汽车。

转运：主要指将进口清关后的货物转运至内地的货运代理公司，运输方式主要为飞机、汽车、火车、水运、邮政。

进口货物转关及监管运输：指货物入境后不在进境地海关办理进口报关手续，而运往另一设关地点办理进口报关手续。转关运输亦称监管运输，意为此运输过程处于海关监管之下。

任务实施

步骤一：委托代理

在确定有一批货物将要进境时，首先由国外接受货物承运的代理公司将有关货物运输的信息以传真的形式通知国内代理公司，准备接货。

收货人青岛琪琪服饰进出口有限公司也会收到国外发货人的接货通知及有关商品运输的相关信息，具体如下：

运单号：HAE0070308。

航班号：CZ250/05。

货物名称：女士针织衫（LADY SWEATER）。

货物数量：800PCS IN 8 BOXS。

货物重量：174KGS。

实际收货人及其地址：青岛琪琪服饰进出口有限公司（HOB BIOTEST GROUP NO.3 CHANGNING ROAD SHIBEI DISTRICT QINGDAO CHINA）。

北京天原货运代理有限公司在接到双方的委托代理之后，就准备接受委托代理，完成这批货物的业务操作。

步骤二：交接单、货

航班CZ250/05准时在2021年6月5日到达目的站北京，随这批女装到达目的站的还有与货物相关的单据，包括运单、发票、箱单。运输工具和货物都处于海关监管之下。

这8箱女士针织衫卸下之后，存入了航空公司或机场的监管仓库。开始进口货物舱单的录入，将舱单上的总运单号、收货人、始发站、目的站、件数、重量、货物名称、航班号等信息通过EDI数据传输给海关留存，供报关用。

航空公司按照运单上的收货人将运输单据和货物一起交给了北京天原货运代理有限公司。同时交接的还有国际货物交接清单（表6-2-1）、总运单、随机文件、货物。

表6-2-1　国际货物交接清单

日期：

序号	货运单号码	件数	重量（KGS）	航班/日期	提货日期	备注
1	PMC67297					CA9003/FRA
2	HAE0070308	8/800	174			CZ250/05
3						
4						

续表

序号	货运单号码	件数	重量（KGS）	航班/日期	提货日期	备注
5						
6						
7						

交货人：_____   接货人：_____

需要注意的是：交接时要做到单、单核对，即交接清单与总运单核对；单、货核对，即交接清单与货物核对。核对后，出现如下问题应做相应的处理（表6-2-2）。

表6-2-2　核对出的问题及处理方式

总运单	清单	货物	处理方式
有	无	有	清单上加总运单号
有	无	无	总运单退回
无	有	有	总运单后补
无	有	无	从清单上划去
有	有	无	总运单退回
无	无	有	货物退回

核对无误之后，接单接货，顺利完成交接单、货的操作。

步骤三：理货与仓储

北京天原货运代理有限公司在接到货物和单据之后，将单据送回总部业务部门办理报关报检，将货物短途驳运回自己的海关监管仓库，开始组织理货和仓储管理。

北京天原货运代理有限公司仓储管理人员逐票检查接运的货物，再次确认和检查货物的受损情况。检查完成，每票货物都完好无损。

检查货物完好无损之后，就按照大小货、重轻货、单票或混载货、危险贵重货、冷冻冷藏货分别堆存和进仓。仓储管理人员在堆存货物时，以箭头朝向、航空货运主运单号和航空货运分运单号的标志区分，保证在拣货配货时提高工作效率。

在实地将货物进行堆垛整理后，将整理货物存储区域信息录入计算机，以便于货物的检索。

步骤四：理单与到货通知

北京天原货运代理有限公司监管仓库中的操作人员将入库货物按照一定的管理规则进行

分区域理货处理后，就开始针对理货的结果整理单据，保证单、货一致。

首先将航空货运单项下的航空货运分运单分离出来，制成清单录入计算机，并将集中托运航空货运单项下发运的清单输入海关电脑，以便按照航空货运分运单分别报关、报验、提货。在理单的同时将各票航空货运单、航空货运分运单编上北京天原货运代理有限公司自己内部的流转编号，以便于内部操作和客户查询。

将单据按照货物存放整理之后，仓管员将每票单据逐单审核、编配。所有单证齐全、符合报关条件即转入制单、报关程序。否则即与收货人联系，催证，使之符合报关条件。

北京天原货运代理有限公司在单货全部整理完毕之后，就需要通知实际收货人提货。货运代理人北京天原货运代理有限公司拟定到货通知（图6-2-2），发给收货人准备提货。北京天原货运代理有限公司为了保证航空时效，减少货主的仓储费，避免滞报金，尽快尽早地通知货主具体的到货情况。

北京天原货运代理有限公司在航班抵达北京后的一天，整理了单、货之后，以电话、传真的形式通知青岛琪琪服饰进出口有限公司尽快到北京天原货运代理有限公司提货。如果要代理人送货，需要提交委托送货书。

日期：2021年4月6日

公司编号：青岛琪琪服饰进出口有限公司

运 单 号	HAE0070308	分运单号	
商品名称	女士针织衫	商品数量	8箱 800件
商品重量	174KGS	商品体积	
发货公司	北京天原货运代理有限公司	发 货 地	北京
合同编号	HCJ123654886	联系电话	××××××××××
联 系 人	×××	仓库地址	北京市顺义区天竺园区
随机单据	发票、箱单、运单		
备注提示	缺报关委托书、报关单		

图6-2-2 到货通知

北京天原货运代理有限公司打制海关监管进口货物入仓清单一式五份，商检、卫检、动检各一份，海关两份，其中一份海关留存，另一份海关签字后收回存档。

步骤五：制单与报关

北京天原货运代理有限公司在通知青岛琪琪服饰进出口有限公司准备提货时，除部分进口货物存放于民航监管仓库外，大部分进口货物存放于各货代公司自有的监管仓库。青岛琪琪服饰进出口有限公司要求北京天原货运代理有限公司代办制单、报关、运输业务。

由于货主的需求不一样，货物进口后的制单、报关、运输一般有以下几种形式：

（1）货运代理公司代办制单、报关、运输。

（2）货主自行办理制单、报关、运输。

（3）货运代理公司代办制单、报关后，货主自办运输。

（4）货主自行办理制单、报关后，委托货运代理公司运输。

（5）货主自办制单，委托货运代理公司报关和办理运输。

北京天原货运代理有限公司在接受委托之后，按照海关的要求开始填制报关单。依据运单、发票、箱单及证明货物合法进口的有关批准文件，准备开始报关申报。

北京海关受理报关申报之后，准备对申报进口的货物进行开箱检验，北京天原货运代理有限公司需要协助海关对货物实施开箱检验工作。

如果是青岛琪琪服饰进出口有限公司自行报关的货物，一般由货主到货运代理的监管仓库借出货物，由代理公司派人陪同货主一并协助海关开验。开验后，代理公司须将已开验的货物封存，运回监管仓库储存。

步骤六：收费与发货

北京天原货运代理有限公司完成报关和报验等进口手续后，青岛琪琪服饰进出口有限公司收到北京天原货运代理有限公司送来的单据，并持加盖有海关放行章、报验章的进口提货单到所属监管仓库提货。

北京天原货运代理有限公司海关监管仓库管理人员在发货时检查提货单上加盖的各类报关、报验章，并登记提货人的姓名和联系方式；登记完信息之后，要求提货人交纳相应的费用，才能够提取货物。青岛琪琪服饰进出口有限公司将运费、制单费、报关费、仓储费、装车费、铲车费、航空公司到站仓储费、海关预录入等垫付的费用一次性付清之后，北京天原货运代理有限公司完成送货任务。

费用的结算方式也有月结的情况，取决于双方签订的协议与相互之间的信任程度。

至此，航空货物进口运输代理的业务操作流程就完成了。

技能训练

请根据下图叙述航空货物进口作业流程。

项目六　航空操作业务

航空货物进口作业流程

小故事大道理

三个金人

曾经有个小国派使者到中国来，进贡了三个一模一样的金人，把皇帝高兴坏了。可是这个使者同时出了一道题目：这三个金人哪个最有价值？

皇帝想了许多办法：请来珠宝匠检查，称重量，看做工……但发现它们是一模一样的。怎么办？使者还等着回去汇报呢。泱泱大国，不会连这个小问题都答不出吧？

最后，有一位老臣说他有办法。

皇帝将使者请到大殿，老臣胸有成竹地拿着三根稻草，将其中的一根插入第一个金人的耳朵里，稻草从另一边耳朵出来了。第二个金人的稻草从嘴巴里直接掉出来了，而第三个金人的稻草掉进了肚子，什么响动也没有。老臣说：第三个金人最有价值！使者默默无语，答案正确。

国际货运代理

任务三 航空快递货运业务

学前热身

RFID 有望用于快件封发

射频识别技术（RFID）是 20 世纪末出现的新型自动识别技术，它将大规模集成电路与无线通信技术相结合，实现了存储信息的快速、非接触式识别。相对于条形码技术，利用 RFID 设备可实现信息的非接触、可擦写、远距离识别，且信息交换容量大，可实现集中读写，一次进行多个单体信息识别。

在快件封发中，由于条码必须逐一读取，因此效率低下。同时在读取条码的过程中，操作者需要对货袋进行搬运作业，对总包袋牌进行整理，才能进行逐个扫描，劳动强度大。同时，限于生产条件，总包袋牌在传递过程中容易造成条码污染、损毁，导致无法识读，必须手工键入条码数字进行信息识读，因而效率低下。

采用 RFID 进行总包交接，可以使流程变得简单，减小工人的劳动强度并极大地提高工作效率。其采用流水作业方案，在总包接收处的输送皮带机上方设置固定式 RFID 读写器，总包在皮带机上经过时，读写器自动读出袋牌标签所记录的信息，并在数据库中自动完成勾挑核对，并将结果传入中心生产作业系统，与从收寄局上传的接收单信息自动进行核对，以清单形式进行保存；对核对结果不符的邮袋利用光电方式进行提示，以便进行人工干预。

但就目前的 RFID 而言，由于总包的堆积以及金属邮件的影响，集中读写方式的识别率不高，因此仍然需要大量人工干预。相比较而言，采用单一读取方式更为可靠。

任务重难点

重点： 航空快递货运业务流程。

难点： 航空快件封发流程。

任务描述

2021 年 3 月 12 日 16：00，第二班市内班车取货结束后返回分拨中心，分拨中心将快件

项目六 航空操作业务

按客户运单填写的收寄信息和快递时限进行分拣,并将不同流向的快件进行整理集中,按操作要求和标准摆放在指定的区域。其中,发运广州的航空件如表 6-3-1 所示。

表 6-3-1 航空件

运单号	货物内容	货物体积/cm^3	件数	实际重量/KGS	收件地址	到达时限	发运方式
302242987520	佳能相机	25×20×15	1	2	广东省江门市江海区东海路 48 号	3 月 13 日 18:00	航空
302242987548	女士背包	40×30×15	1	0.9	广东省珠海市前山逸仙路 21 号	3 月 13 日 18:00	航空
302242987566	豆浆机	40×15×20	1	4.7	广东省广州市越秀区海珠广场起义路 2 号	3 月 13 日 18:00	航空
302242987584	女式牛仔裙	40×15×20	1	0.8	广东省广州市海珠区新港西路 135 号	3 月 13 日 18:00	航空
302242987618	衣服	35×25×5	1	1.7	广东省汕头市金平区金砂东路 97 号	3 月 13 日 18:00	航空
302242987654	电褥子	40×25×10	1	2.6	广东省广州市阅江中路 380 号广州国际会展中心	3 月 13 日 18:00	航空

接下来,工作人员需要根据快件的配载要求和目的地,按照规定的时限对快件进行总包封装、办理交运、总包发运等环节的操作。

知识云集

(一)航空快递的概念

航空快递(Air Express)是指具有独立法人资格的企业将进出境的货物或物品从发件人所在地通过自身或代理的网络运达收件人的一种快速运输方式。

航空快递的递送时间、质量区别于其他运输方式,它的高效运转是建立在完善的网络基础之上的,且网络具有相当强的整合能力。

(二)航空快递的主要业务形式

1. 门/桌到门/桌

门/桌到门/桌(Door/Desk to Door/Desk)的服务形式是航空快递公司最常用的一种服务形式。

157

首先由发件人在需要时电话通知快递公司，快递公司接到通知后派人上门取件，然后将所有收到的快件集中到一起，根据其目的地分拣、整理、制单、报关，发往世界各地，到达目的地后，再由当地的分公司办理清关、提货手续，并送至收件人手中。这期间，客户还可依靠快递公司的电脑网络随时对快件（主要指包裹）的位置进行查询。快件送达之后，也可以及时通过电脑网络将消息反馈给发件人。

2. 门/桌到机场

与前一种服务形式相比，门/桌到机场（Door/Desk to Airport）的服务形式指快件到达目的地机场后不是由快递公司去办理清关、提货手续并送到收件人手中，而是由快递公司通知收件人自己去办理相关手续。采用这种形式的多是海关当局有特殊规定的货物或物品。

3. 专人派送

专人派送（Courier on Board）是指由快递公司指派专人携带快件在最短时间内将快件直接送到收件人手中。这是一种特殊服务，一般很少采用。

以上三种服务形式相比，门/桌到机场形式对客户而言比较麻烦，专人派送最可靠、最安全，同时费用也最高。而门/桌到门/桌的形式介于上述两者之间，适合绝大多数快件的运送。

（三）国际航空快递进口操作流程（图6-3-1）

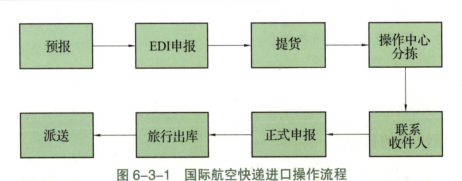

图6-3-1　国际航空快递进口操作流程

（四）国际航空快递出口操作流程（图6-3-2）

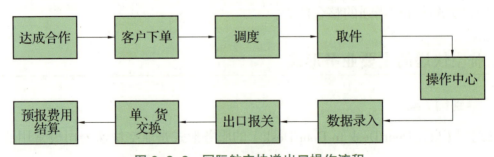

图6-3-2　国际航空快递出口操作流程

项目六 航空操作业务

任务实施

步骤一：扫描登单

总包内的散件在送达目的地的分拣中心处理前，需要对其登记封发清单。

1. 快件扫描

现场操作员使用条码扫描设备对行区内的待发运快件进行逐件扫描（图6-3-3）。操作员需要注意的是不能将贵重保价快件、大件快件、易碎快件与普通快件进行总包。

2. 打印封发清单

现场操作员将扫描结果导入系统，生成封发清单并打印。封发清单一式两联，如表6-3-2所示。

图 6-3-3　快件扫描

表 6-3-2　封发清单

物流方向：北京—广州				物流方式：航空		NO.10006	
运单号	货物内容	货物体积/cm³	件数	实际重量/KGS	收件地址		备注
302242987520	佳能相机	25×20×15	1	2	广东省江门市江海区东海路48号		
302242987548	女士背包	40×30×15	1	0.9	广东省珠海市前山逸仙路21号		
302242987566	豆浆机	40×15×20	1	4.7	广东省广州市越秀区海珠广场起义路2号		
302242987584	女式牛仔裙	40×15×20	1	0.8	广东省广州市海珠区新港西路135号		
302242987618	衣服	35×25×5	1	1.7	广东省汕头市金平区金砂东路97号		
302242987654	电褥子	40×25×10	1	2.6	广东省广州市海珠区阅江中路380号广州国际会展中心		
总件数：6				总重量：12.7KGS			
制单人：×××　　　　　　　　发运方签字：　　　　　　　　接收方签字：							

159

步骤二：封发清单审核

现场操作员将封发清单交予配载员进行审核。

（1）配载员检查快件品名、尺寸以及重量是否符合要求。如果快件中含有航空禁运品或其尺寸超出航空快件的运输标准，现场操作员应该立即将其单独挑出，改换其他运输方式进行运输。

（2）配载员检查快件的到达地是否与航班到达地一致。如果快件中有与航班到达地不一致的快件，现场操作员应立即将其单独挑出，核实其到达地并放置到相应的行区。配载员确认无误后，在封发清单上签字，如表6-3-3所示。

表6-3-3　封发清单

物流方向：北京—广州		物流方式：航空			NO.10006	
运单号	货物内容	货物体积/cm³	件数	实际重量/KGS	收件地址	备注
302242987520	佳能相机	25×20×15	1	2	广东省江门市江海区东海路48号	
302242987548	女士背包	40×30×15	1	0.9	广东省珠海市前山逸仙路21号	
302242987566	豆浆机	40×15×20	1	4.7	广东省广州市越秀区海珠广场起义路2号	
302242987584	女式牛仔裙	40×15×20	1	0.8	广东省广州市海珠区新港西路135号	
302242987618	衣服	35×25×5	1	1.7	广东省汕头市金平区金砂东路97号	
302242987654	电褥子	40×25×10	1	2.6	广东省广州市海珠区阅江中路380号广州国际会展中心	
总件数：6			总重量：12.7KGS			
制单人：×××		发运方签字：×××			接收方签字：	

步骤三：总包封装

1. 制作总包包牌

现场操作员手工填写总包包牌，如图 6-3-4 所示。

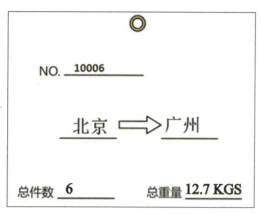

图 6-3-4 总包包牌

2. 进行总包封装

现场操作员根据快件数量和体积选择大小合适的总包袋，和配载员共同进行快件装袋（图 6-3-5）。装袋时根据封发清单，遵循快件配载原则，逐件认真核对，做到单、货相符。

图 6-3-5 快件装袋

快件装好后，将签字后的封发清单的第一联装入货袋，封发清单最好使用专用的封套进行包装；将第二联交封发班组组长进行总包检查。然后，现场操作员将总包袋口捆扎紧实，封好货袋，悬挂总包包牌并施加封志（图 6-3-6）。

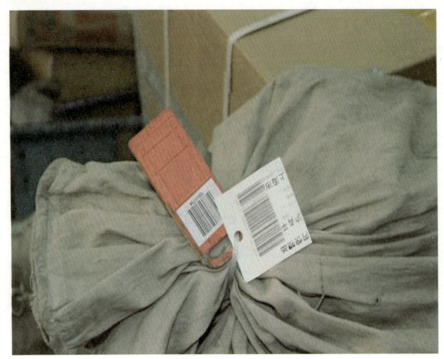

图 6-3-6　总包封装

3. 填写总包路单

现场操作员进行总包封装后，如实填写总包路单，如图 6-3-7 所示。

第_37_号　　　由_北京_交_广州_

2021 年 3 月 12 日

序号	总包号码	始发站	终到站	件数	毛重/KGS	备注
1	NO.10006	北京	广州	1	12.7	
合计				1	12.7	

交发人员签章：　　　　　　　　　　　　接收人员签章：

图 6-3-7　总包路单

4. 生成市内物流交接单

现场操作员将所有待出库的快件整理完毕后，登录系统生成市内物流交接单并打印，如图 6-3-8 所示。

项目六　航空操作业务

```
物流序号：02012000700129030561
物流方向：广州分拨中心          物流司机：×××          物流时间：202103121655
单据类型：市内物流交接单         物流单位：北京分拨中心
总件数：1                        总交接件数：1
总票数：6                        总实际重量：12.7KGS
总计费重量：14KGS
信息处理员签字：                 物流司机签字：
发货方签字：                     收货方签字：
```

注：表中总件数是指总包数量。

图 6-3-8　市内物流交接单

步骤四：总包码放

在快件装车出库前，现场操作员应按照总包目的地和相关作业规范，将总包在正确的行区内进行堆位和码放（图 6-3-9）。

图 6-3-9　总包码放

步骤五：快件出库

1. 标签粘贴

现场操作员填制航空标签（图 6-3-10），然后将航空标签粘贴或悬挂于总包上。

163

图 6-3-10　航空标签

2. 装车

现场操作员依照发运车次、方向，按照相关规定和要求正确合理地装载总包，保证总包完好无损；将不同航线的总包用物流隔离网进行隔离，防止各航线货物混乱造成错发（图6-3-11）。

图 6-3-11　总包装车

3. 签字交接

现场操作员核对装车数量，确保总包路单上的信息无误，之后协助封发组组长在路单上签字确认，并交予司机随货运送，如图6-3-12所示。

第 _37_ 号　　由 _北京_ 交 _广州_

2021 年 3 月 12 日

序号	总包号码	始发站	终到站	件数	毛重/KGS	备注
1	NO.10006	北京	广州	1	12.7	
合计				1	12.7	

交发人员签章：　　　　　　　　　　　　　　接收人员签章：

图 6-3-12　总包路单

司机核对装车件数，确保装车件数与交接单上注明的件数一致后，与现场操作员在市内物流交接单上签名确认，如图 6-3-13 所示。

物流序号：02012000700129030451
物流方向：华南物流基地　　　　　物流司机：×××　　　　　物流时间：202103121655
单据类型：市内物流交接单　　　　　　　　　物流单位：北京分拨中心
总件数：1　　　　　　　　　　　　　　　　总交接件数：1
总票数：6　　　　　　　　　　　　　　　　总实际重量：12.7KGS
总计费重量：14KGS
信息处理员签字：　　　　　　　　　　　　　物流司机签字：
发货方签字：　　　　　　　　　　　　　　　收货方签字：

图 6-3-13　市内物流交接单

4. 班车发运

交接信息确认无误后，司机按照班车时刻表准点发车，将快件送往机场。

技能训练

2021 年 5 月 20 日 19：40 左右，第三班市内班车取货结束后返回分拨中心，分拨中心将快件按客户运单填写的收寄信息和快递时限进行了分拣，并将不同流向的快件进行整理集中，按操作要求和标准摆放在指定的区域。其中，发运广州的航空件如下：

国际货运代理

发运广州的航空件

运单号	货物内容	货物体积/cm³	件数	实际重量/KGS	收件地址	到达时限	发运方式
302242987548	女士背包	40×30×15	1	0.9	广东省广州市天河区奥体路818号	5月21日 18:00	航空
302242987584	女式牛仔裙	40×15×20	1	0.8	广东省汕头市金平区金砂东路97号	5月22日 12:00	航空
302242987654	电褥子	40×25×10	1	2.6	广东省广州市越秀区东风中路309号	5月21日 18:00	航空
302242987575	行李	80×30×50	1	20	广东省珠海市前山逸仙路27号	5月22日 12:00	航空
302242987636	衣服	32×20×5	1	1.5	广东省江门市江海区东海路32号	5月22日 12:00	航空
302242987609	吹风机	40×15×20	1	1.5	广东省广州市海珠区新港西路135号	5月21日 18:00	航空
302247231142	蚕丝被	40×30×35	1	32	广东省广州市白云区体育中心街132号	5月21日 18:00	航空
302247231151	吹风机	20×12×10	1	0.5	广东省广州市天河区奥体路818号	5月21日 12:00	航空

工作人员须根据快件的配载要求和目的地，按照规定的时限对快件进行总包封装、办理交运、总包发运等环节的操作。

请根据上述任务信息完成航空快递的集货分拣作业。

小故事大道理

鞋带

有一位表演大师上场前，他的弟子告诉他鞋带松了。大师点头致谢，蹲下来仔细系好。等到弟子转身后，又蹲下来将鞋带解松。

有个旁观者看到后，不解地问："大师，您为什么又要将鞋带解松呢？"大师回答道："因为我饰演的是一位劳累的旅者，长途跋涉让他的鞋带松开，可以通过这个细节表现他的劳累和憔悴。"

"那您为什么不直接告诉您的弟子呢？"

"他能细心地发现我的鞋带松了，并且热心地告诉我，我一定要保护他这种热情和积极性，及时地给他鼓励。至于为什么要将鞋带解松，将来会有更多的机会教他表演，可以下一次再说啊。"

参考文献

［1］王森勋．新编国际货运代理理论与实务［M］．北京：北京大学出版社，2009．

［2］顾永才，高倩倩．国际物流与货运代理（第五版）［M］．北京：首都经济贸易大学出版社，2022．

［3］吴彩奕，秦绪杰．国际货运代理实务［M］．北京：中国科学技术大学出版社，2009．

［4］马洁．国际货运代理实务［M］．北京：中国物资出版，2010．

［5］陶春柳．国际货运代理实务（第2版）［M］．北京：北京理工大学出版社，2022．

［6］孙明．国际运代理实务［M］．上海：同济大学出版社，2012．